댕굴댕굴~
세계의 다리를 건너다

지은이

연경흠

서울대학교 사범대학 부설고등학교, 경기대학교 건축공학과를 졸업한 뒤 건축사로 활동하면서 경기대학교 건축공학과 외래교수로 출강하기도 했습니다. 건축 작품으로는 국립 문화재연구소 청사, 성산동 메조트론 II, 동숭동 YO복합문화시설 등이 있습니다. 서울특별시 표창(2000년), 제26회 서울특별시 건축상 주거부분 본상(2008년)을 수상했으며, 서울특별시 건축안전자문단 위원으로 활동하기도 했습니다.

지은 책으로는 《댕글댕글~ 마천루 올림픽》, 《댕글댕글~ 세계의 수도를 읽다》 등이 있습니다.

댕글댕글~
세계의 다리를 건너다

초판 2쇄 발행일 2024년 5월 10일
초판 1쇄 발행일 2023년 7월 25일

지은이 연경흠
펴낸이 이원중

펴낸곳 지성사 **출판등록일** 1993년 12월 9일 **등록번호** 제10-916호
주소 (03458) 서울시 은평구 진흥로 68, 2층
전화 (02) 335-5494 **팩스** (02) 335-5496
홈페이지 www.jisungsa.co.kr **이메일** jisungsa@hanmail.net

ⓒ 연경흠, 2023

ISBN 978-89-7889-536-1 (73540)

잘못된 책은 바꾸어드립니다. 책값은 뒤표지에 있습니다.

⚠ **주의 사항**: 책장에 손을 베이지 않게, 책 모서리에 다치지 않게 주의하세요.

댕글댕글~ 세계의 다리를 건너다

연경흠 지음

지성사

일러두기

다리란 강 또는 바다 등의 물이나, 협곡 따위를 건너거나 질러갈 수 있도록 두 지점을 연결한 구조물을 말합니다. 사람이 처음 다리를 만들 때는 쓰러진 나무나 디딤돌을 사용했을 것입니다. 오늘날에는 목재나 석재 외에 철, 콘크리트 같은 재료를 이용해 정해진 목적과 상황에 맞게 여러 가지 형태의 다리를 만들고 있습니다. 최근에는 공학 기술과 장비 등의 발달로 더욱 길고 안전하며 창의적인 형태의 다리를 만들고 있지요. 특히 이동의 목적 외에 미학적인 부분에도 관심을 기울이면서 이제 다리는 지역을 대표하는 상징물이나 기념물의 역할까지 하고 있습니다.

다리에 관심을 가진 이유는 '소통'이었습니다. 소통을 돕는 구조물로서 다리를 살펴보는 일은 우리 생활에 녹아 있는 과학(공학 기술)을 아는 것이고, 이는 다양성에 대한 관심으로 이어질 것입니다.

다리를 이야기하다 보면 어쩔 수 없이 등장하는 용어들이 있습니다. 거의 한자이거나 영어입니다. 이를 바꿀 만한 마땅한 말이 없어 필수 용어들을 설명하고자 합니다.

교대(橋臺, abutment)는 다리의 양 끝에 설치하여 다리의 윗부분을 떠받치는 구조물로 교각(기둥)과 함께 다리의 아랫부분을 구성합니다. 아치교나 짧은 다리는 교각 없이 교대만으로 이루어지기도 합니다.

교각(橋脚, pier)은 다리의 무게를 받치는 '발' 또는 '기둥'을 말합니다.

경간(徑間, span)은 구조물을 지지하는 지점 간의 거리로 교대와 교각 또는 교각과 이웃 교각 사이를 가리킵니다. 이 거리를 '경간 장'이라고 하지요. 경간이 길수록 높은 수준의 기술이 필요하기에 경간 길이를 기준으로 다리의 크기를 말할 때가 많습니다. 따라서 총길이의 비교인지, 경간 길이의 비교인지를 확인할 필요가 있습니다. 다리에 교각을 여러 개 설치하면 경간 거리도 여러 개 존재하게 되는데, 여기에서는 경간 중에서 제일 긴 거리만을 기록하고 '경간'이라 표시했습니다.

상판(床版, deck)은 다리의 윗부분을 구성하는 넓고 평평한 바닥을 가리킵니다.

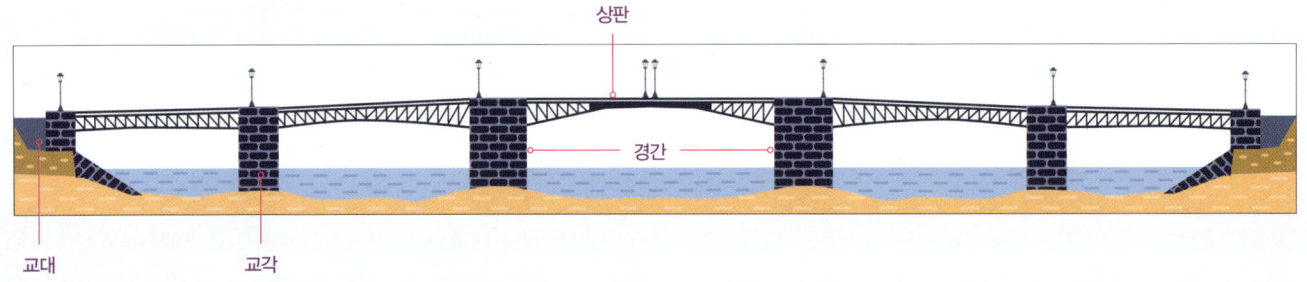

다리의 형태는 기본적으로 형교, 트러스교, 캔틸레버교, 아치교, 현수교, 사장교의 6가지로 구분했습니다. 하나의 다리에 여러 형태가 섞여 있으면 주된 형태를 선택해서 표시했습니다.

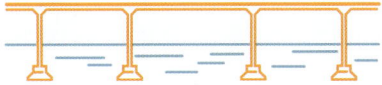

형교(Beam bridge)

거더교(Girder bridge) 또는 보교(Beam bridge, 빔교)라고도 합니다. 다리 중에서 가장 일반적인 형식으로 교대와 교대 사이에 보(칸 사이의 두 기둥을 가로지르는 구조물)를 걸쳐 만들지요. 길이가 길면 교대와 교대 사이에 중간 지지대인 교각을 세워서 보를 얹습니다. 최초의 형교는 개울과 같이 단순한 지형에 가로질러 놓은 통나무 다리였습니다. 현대에 들어 형교에 쓰이는 재료는 작은 목재 보에서 큰 강철 상자에 이르기까지 다양합니다. 형교는 오늘날 널리 사용하는 가장 단순하고 오래된 유형의 다리입니다.

> 통나무 다리는 가장 단순한 형태의 형교입니다.

트러스교(Truss bridge)

트러스(Truss)란 직선으로 된 여러 개의 뼈대 재료를 삼각형으로 얽어 짠 구조물로 본체가 트러스로 구성된 다리를 트러스교라고 합니다. 현대 다리의 아주 오래된 유형 중 하나이지요. 트러스교는 트러스 하나하나의 크기가 비교적 작고 가볍기 때문에 자재를 효율적으로 사용할 수 있어 시공이 손쉽고 경제성이 좋은 편입니다.

> 카펠교라는 이름으로도 잘 알려진 스위스의 채플 다리는 세계에서 가장 오래된 트러스교입니다.

캔틸레버교(Cantilever bridge)

캔틸레버교는 한쪽 끝만 고정하는 수평 보(빔)인 캔틸레버(외팔보)를 써서 건설하는 다리입니다. 교대와 교대 사이에 교각을 두어야 할 때 교각이 배의 통행 등에 방해가 될 경우 교각 없이 긴 다리를 만들기 위해 사용합니다. 캔틸레버교의 강도를 높이기 위해 두 캔틸레버를 연결하는 더 작은 보를 추가하기도 합니다. 이때 경간의 한쪽 끝은 땅 위에 놓이고, 다른 쪽 끝은 작은 보를 지지하지요.

영국 포스 다리의 설계자가 사람의 신체를 이용해 캔틸레버교의 원리를 설명하는 모습입니다(1890년 무렵).

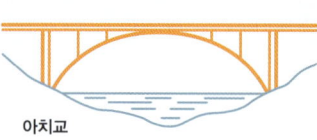
아치교

타이드 아치교

아치교(Arch bridge)

다리 밑이 활이 휜 것처럼 한가운데가 높고 길게 굽은 모양으로 원을 구성하는 다리입니다. 다리가 받는 힘을 아치의 곡선을 따라 밑으로 퍼지게 하여 힘을 줄여 주는 원리를 이용해서 만듭니다. 한편, 윗부분은 아치형이지만 기존의 아치교와는 다른 형태의 다리도 있습니다. 아치의 바깥쪽으로 향하는 힘이 지면이나 교대가 아닌, 아치 끝을 묶는 연결재에 의해 장력(잡아당기는 힘)으로 지탱하는 다리인데 이런 다리를 **타이드 아치교**(Tied arch bridge)라고 합니다. **현 아치교**(Bowstring arch bridge)라고도 부릅니다.

스페인의 세고비아에는 고대 로마인들이 아치교 형태로 건설한 수로교가 남아 있습니다.

현수교(Suspension bridge)

현수교란 '줄이 매달려 드리워진 모양의 다리'라는 뜻으로 배가 지나는 데 교각이 방해되는 경우 교각 없이 다리를 놓으려 할 때 좋은 해결책이 되어 주는 다리입니다. 주탑과 주탑 사이에 케이블(강철로 만든 줄)을 연결하여 현수 곡선(줄의 양 끝을 고정하고 자연스럽게 아래로 늘어뜨렸을 때 만들어지는 곡선) 모양으로 지지하는데, 케이블만으로 엄청난 무게를 견뎌야 하기에 정밀한 계산과 설계, 시공 기술이 필요하지요.

남해대교는 우리나라 최초의 현수교로 1973년에 개통했습니다. 경남 남해군의 노량리와 하동군의 노량리를 연결하지요.

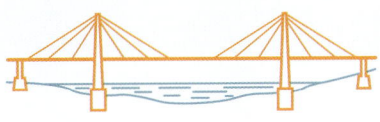

사장교(Cable-stayed bridge)

사장교란 '줄이 비스듬히 곧게 뻗은 모양의 다리'라는 뜻으로 현수교와 같이 케이블로 지지하는 다리입니다. 현수교보다는 케이블이 더 적게 필요하고, 케이블을 지지하는 타워의 높이가 그에 비례해 더 높지요. 케이블은 주탑으로부터 사선으로 뻗친 삼각형 모양을 이룹니다.

러시아의 루스키 다리는 경간이 1,104미터로 세계에서 가장 긴 사장교입니다. 연해주 블라디보스토크에 있습니다.

한편, 바다를 가로지르는 다리의 특성상 '만'이 많이 등장하는데 만(灣)은 바다가 육지 안으로 파고 들어 와 있는 곳으로 영어로 Bay(베이), Gulf(걸프) 등으로 표기했습니다. 곶(Cape, 케이프)은 바다 쪽으로 뾰족하게 뻗은 육지, 석호(Lagoon, 라군)는 만의 입구가 모래 등으로 막혀 바다와 분리되어 생긴 호수를 가리킵니다.

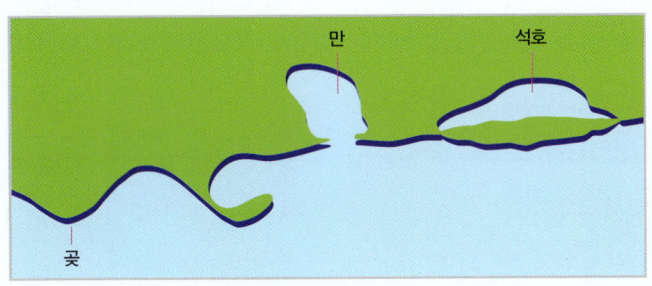

차례

일러두기 4

아프리카
남아프리카공화국 | **블루크란스 다리** 12
이집트 | **수에즈 운하 다리** 16
짐바브웨 | **빅토리아 폭포 다리** 20

유럽
네덜란드 | **에라스뮈스 다리** 26
노르웨이 | **스토르세이수네 다리** 30
독일 | **마그데부르크 운하교** 34
러시아 | **크림교** 38
루마니아 | **안겔 살리그니 다리** 42
리투아니아 | **민다우가스 다리** 46
보스니아헤르체고비나 | **스타리 모스트** 50
스위스 | **브루지오 나선형 고가교** 54
스페인 | **비스카야 다리** 58
영국 | **웨스트민스터 다리** 64
오스트리아 | **무어인젤** 68
이탈리아 | **베키오 다리** 72
체코 | **카를교** 76
폴란드 | **시에키에르코프스키 다리** 80
프랑스 | **미요 대교** 84

서아시아
아랍에미리트 | **셰이크 자이드 다리** 92
요르단 | **압둔 다리** 96
이란 | **시오세 다리** 98
튀르키예(터키) | **오스만 가지 대교** 102

동아시아

대한민국 | **인천대교** 110
조선민주주의인민공화국 | **선죽교** 118
말레이시아 | **랑카위 하늘 다리** 122
베트남 | **용교** 126
브루나이 | **숭가이 크븐 다리** 130
싱가포르 | **엘긴 다리** 134
인도 | **하우라 다리** 140
일본 | **세토 대교** 144
중국 | **장자제 유리 다리** 148
캄보디아 | **네아크로웅 대교** 154
타이(태국) | **푸미폰 대교** 158
홍콩 | **홍콩-주하이-마카오 대교** 162

오세아니아

뉴질랜드 | **오클랜드 하버 브리지** 168
오스트레일리아(호주) | **시드니 하버 브리지** 172

북아메리카

미국 | **브루클린 다리** 180
캐나다 | **캐필라노 현수교** 188

남아메리카

브라질 | **주셀리노 쿠비체크 다리** 194
우루과이 | **레오넬 비에라 다리** 198
콜롬비아 | **푸엔테 데 옥시덴테** 202
쿠바 | **바쿠나야과 다리** 206
파나마 | **아메리카 대교** 208

찾아보기 212
사진 출처 215

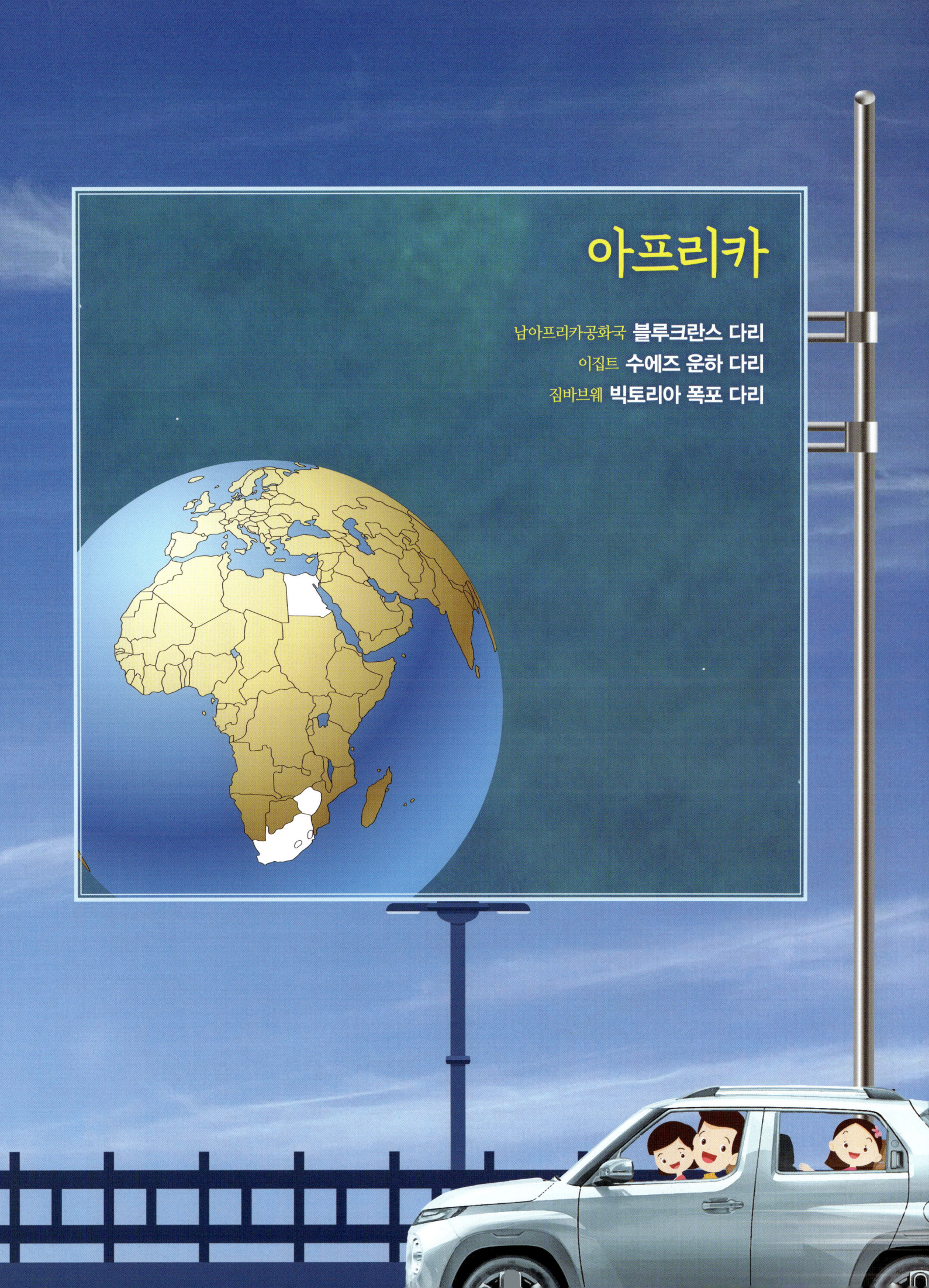

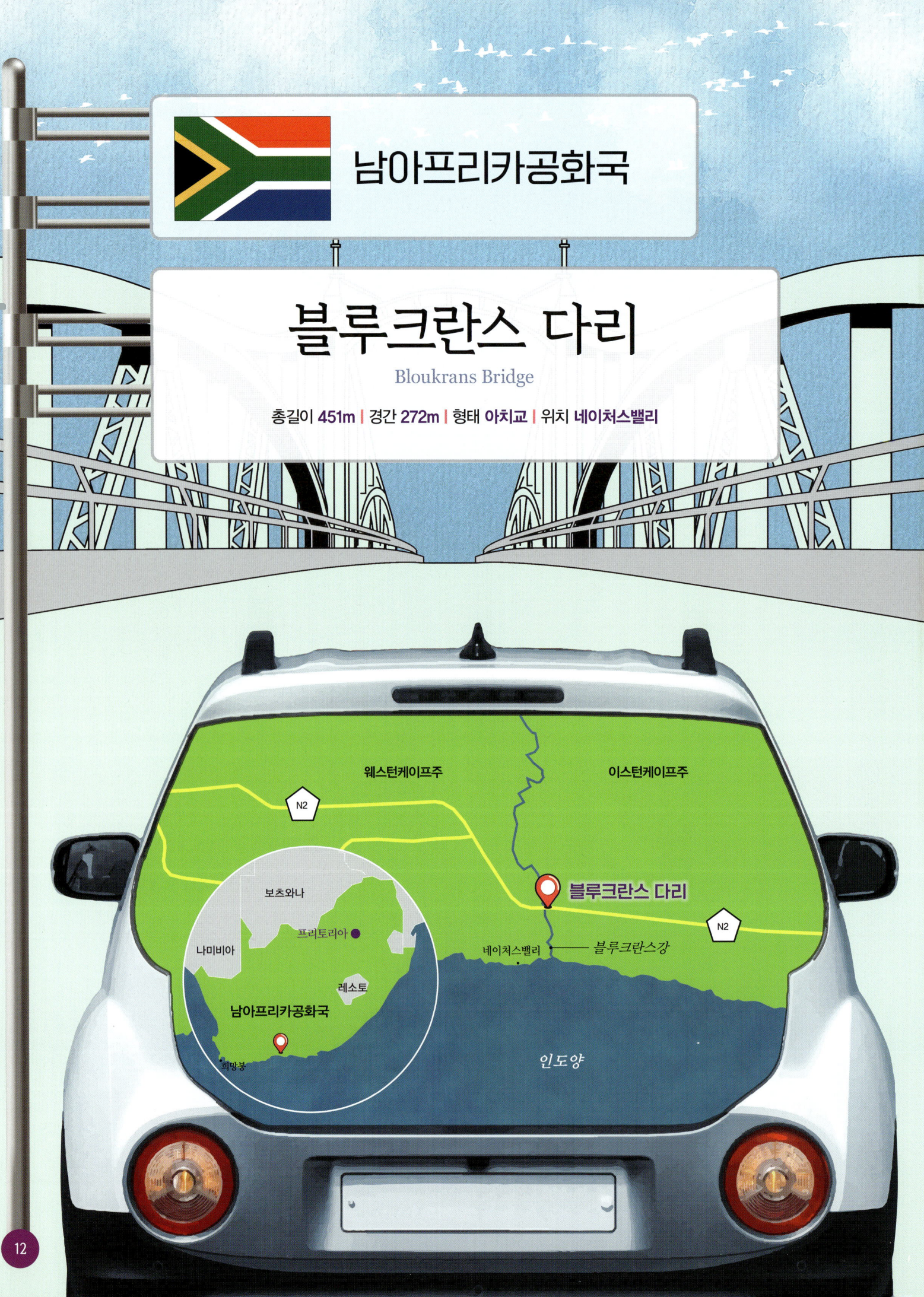

　　블루크란스 다리는 남아프리카공화국 웨스턴케이프주의 네이처스밸리 근처에 있는 아치형 다리입니다. 네이처스밸리는 남아프리카공화국 남부 케이프 해안을 따라 조성된 휴양지이자 작은 마을로 100만 년 전에는 구석기인들이 거주했던 곳이지요. 1980년 2월부터 1983년 6월 사이에 인도 기업에서 건설한 이 다리는 블루크란스강 216미터 높이 위에 있습니다. 블루크란스강은 웨스턴케이프주와 이스턴케이프주의 경계를 이루는 짧은 강입니다.

　다리의 총길이는 451미터이고, 국도 N2에 놓여 있습니다. N2는 남아프리카공화국 서남부 끝에 있는 도시 케이프타운에서 동부 거의 끝에 있는 농업과 광업의 도시 에르멜로까지 총 2,255킬로미터에 이르는 도로입니다. 인도양 해안을 따라 이어진 이 도로는 남아프리카공화국에서 가장 긴 노선으로 알려졌습니다. 블루크란스 다리는 다리에서 하는 번지 점프 장소로는 세계에서 가장 높은 곳에 있기로도 유명합니다.

▲ 멀리 뒤쪽에 보이는 블루크란스 다리 아래로 블루크란스강이 흐릅니다.

▶ 블루크란스 다리의 번지 점프는 1997년부터 운영되고 있습니다. 다리 한가운데에 번지 점프대가 있으며, 인기가 높아 세계 여러 나라에서 많은 사람들이 찾아옵니다.

▲N2 주변의 유채밭 풍경입니다. N2는 블루크란스 다리를 지나는 국도입니다.

▼N2와 이어진 케이프타운의 캠프스만입니다. 라이온스 헤드(앞쪽 가운데 솟은 봉우리)와 테이블 마운틴(뒤쪽 가운데 평평한 봉우리를 이룬 산)을 배경으로 남아프리카공화국 남서쪽 해안에 자리한 웨스턴케이프주에 있지요. 웨스턴케이프주는 9개의 주 가운데 네 번째로 크며, 주를 대표하는 도시 케이프타운은 남아프리카공화국의 입법 수도이기도 합니다. 부근에 희망봉이 있습니다.

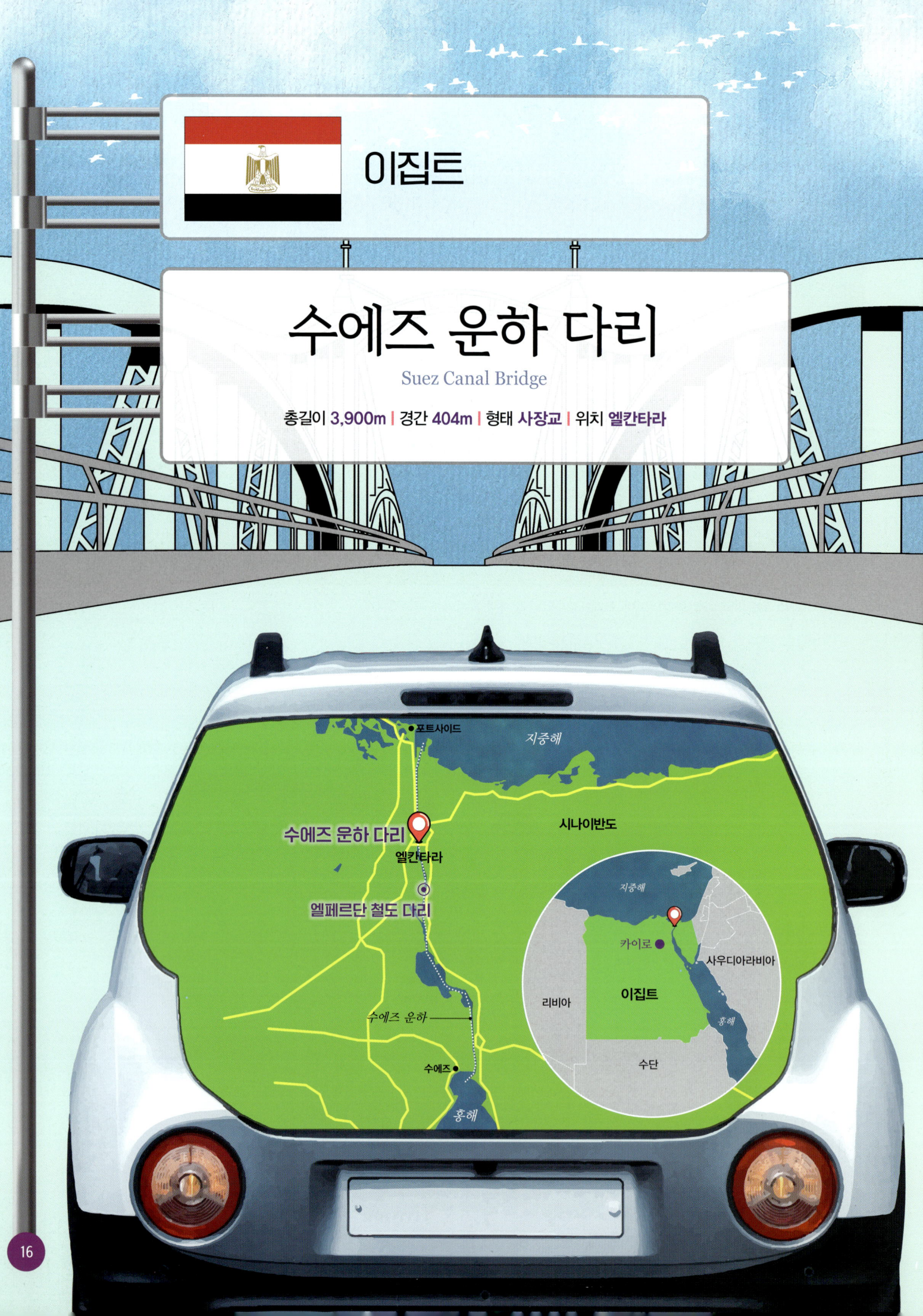

수에즈 운하 다리는 2001년에 완성한 사장교입니다. '이집트-일본 우정의 다리', 알살람 다리(Al Salam Bridge), 알살람 평화의 다리(Al Salam Peace Bridge), 또는 무바라크 평화의 다리(Mubarak Peace Bridge)라고도 하지요. 이집트 북동부 도시인 엘칸타라 지역에 있습니다.

엘칸타라는 아랍어로 '다리'를 의미하는데, 이 지역은 수에즈 운하 다리로 연결됩니다(정확히 말하면 엘칸타라가 수에즈 운하에 의해 둘로 나누어졌기 때문에 이 다리가 양쪽 지역을 이어 줍니다). 수에즈 운하는 홍해와 지중해를 잇는 인공 수로로 운하 길이는 168킬로미터이고, 1869년에 프랑스가 완공했습니다.

수에즈 운하 다리는 크게는 아시아와 아프리카 대륙을 연결한다고 할 수 있습니다. 운하 위로 70미터 높이에 놓였으며, 길이는 3.9킬로미터에 이릅니다. 수에즈 운하 주변 지역을 개발하기 위한 주요 계획 중 하나가 이 다리였고, 여기에는 운하 아래의 아메드 함디 터널, 엘페르단 철도 다리 및 공중에 설치한 수에즈 운하 전력선 등이 포함되었습니다.

▲ **엘페르단 철도 다리**(El Ferdan Railway Bridge). 수에즈 운하에 있는 '회전하는 다리(Swing bridge)'입니다. 길이는 340미터이고, 세계에서 가장 긴 회전 다리로 꼽힙니다. 1918년 4월, 군용 철도를 위해 완공했으나 배 운항에 방해가 된다고 하여 없앴다가 다시 만들고 다시 없애는 일이 반복되었습니다. 지금은 수에즈 운하의 확장으로 더는 작동하지 않습니다.

▶ **아메드 함디 터널**(Ahmed Hamdi Tunnel). 수에즈 운하 아래에 있는 1.64킬로미터(지하 최대 51미터 깊이) 길이의 자동차 터널입니다. 터널의 이름은 '10월 전쟁'에서 전사한 이집트의 엔지니어이자 장군인 아메드 함디의 이름을 따서 붙였습니다. 10월 전쟁은 제4차 중동 전쟁, 라마단 전쟁, 1973년 아랍-이스라엘 전쟁, 또는 욤 키푸르 전쟁(Yom Kippur War)으로도 불리는데 1973년 10월 6일부터 25일까지 이스라엘과 아랍 연합군 사이에 벌어진 무력 충돌을 가리킵니다. 아메드 함디 터널은 각 방향에 하나씩 두 개의 차선이 있고, 1981년에 완공했습니다.

▲ **10월 6일 다리**(6th October Bridge). 이집트 수도인 카이로 중심부에 있습니다. 서안 지역에서 동쪽으로 게지라섬을 거쳐 카이로 시내까지 나일강을 가로지르고, 동쪽으로 도시와 카이로 국제공항을 연결합니다. 다리 이름은 1973년 '10월 전쟁'이 일어난 날을 기념해서 지었습니다.

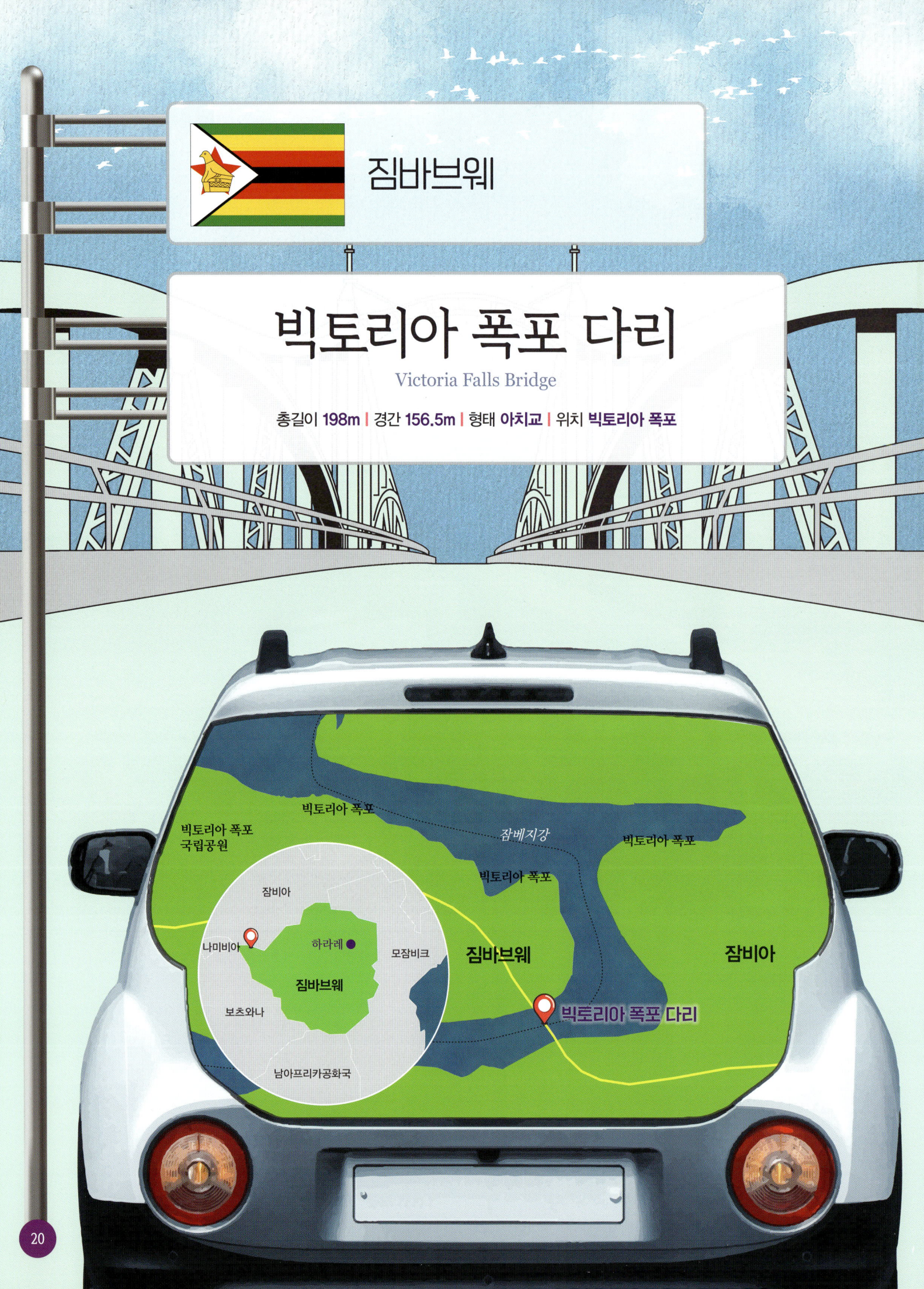

다리 왼쪽 지역이 잠비아, 오른쪽 지역이 짐바브웨입니다.

폭포 바로 아래의 잠베지강을 가로질러 폭포의 두 번째 협곡 위에 세운 다리로 1905년에 완공했습니다. 잠베지강은 아프리카에서 네 번째로 긴 강인데, 아프리카에서 동쪽으로 흐르는 강 중에는 가장 깁니다. 길이는 약 2,740킬로미터이고, 잠비아에서 처음 생겨난 물줄기가 앙골라 동부를 거쳐 나미비아의 북동쪽 국경과 보츠와나의 북쪽 국경 그리고 잠비아와 짐바브웨 사이의 국경을 따라 모잠비크를 가로질러 흐릅니다.

스코틀랜드 선교사이자 탐험가인 데이비드 리빙스턴(David Livingstone, 1813~1873년)이 폭포를 발견하고 영국 빅토리아 여왕을 기리기 위해 '빅토리아 폭포'라고 지었으나, 현지 원주민들은 모시오아툰야(Mosi-oa-Tunya, '천둥소리가 나는 연기'라는 뜻)라고 부릅니다. 유네스코 세계 자연 유산 목록에서는 공식적으로 두 이름을 모두 인정합니다. 잠비아 쪽에서는 '모시오아툰야'라는 이름을 쓰는 반면, 짐바브웨 쪽에서는 빅토리아 폭포로 부릅니다.

잠베지강이 두 나라 사이에 경계를 이루면서 다리는 짐바브웨의 빅토리아 폭포와 잠비아의 리빙스턴(탐험가의 이름을 딴 국경 도시)을 연결합니다. 다리에는 철도, 도로, 보행길이 모두 있습니다. 철도는 잠비아와 짐바브웨를 잇는 유일한 철길이며, 도로는 두 국가 사이를 이어 주는 3개의 도로 중 하나입니다. 원래 그레이트 잠베시(Great Zambesi) 또는 잠베지 다리(Zambezi bridge)라고 불리다가 빅토리아 폭포 다리로 알려지게 되었습니다.

빅토리아 폭포 다리는 빅토리아 폭포의 좁은 골짜기에 걸쳐 있습니다. 강철 다리 위로 증기 기관차가 달리고 있습니다.

▶ 잠비아의 리빙스턴 공항 앞에는 데이비드 리빙스턴과 그의 잠비아 동료들의 동상이 서 있습니다.

▼ 빅토리아 폭포 다리 근처에서 관광객들이 오래된 형태의 기차를 타고 일몰을 감상하고 있습니다.

유럽

네덜란드 **에라스뮈스 다리**
노르웨이 **스토르세이수네 다리**
독일 **마그데부르크 운하교**
러시아 **크림교**
루마니아 **안겔 살리그니 다리**
리투아니아 **민다우가스 다리**
보스니아헤르체고비나 **스타리 모스트**
스위스 **브루지오 나선형 고가교**
스페인 **비스카야 다리**
영국 **웨스트민스터 다리**
오스트리아 **무어인젤**
이탈리아 **베키오 다리**
체코 **카를교**
폴란드 **시에키에르코프스키 다리**
프랑스 **미요 대교**

다리 오른쪽 아래로 긴 배가 놓인 것 같은 모양(원 안)이 도개교를 이루는 부분입니다. 위쪽 끝에 작게 보이는 붉은색 다리는 빌렘스 다리입니다.

에라스뮈스 다리는 1986년에 건설을 시작해 1996년에 완공한 다리입니다. 로테르담 중심부의 뉴마스강을 가로질러 도시의 북쪽과 남쪽을 연결하지요. 뉴마스강은 라인강의 지류이자 이전에 마스강의 지류였고, 총길이는 약 24킬로미터에 이릅니다.

에라스뮈스 다리는 네덜란드에서 제일란트 다리에 이어 두 번째로 큰 다리로 1992년, '로테르담의 에라스뮈스'로도 알려진 기독교 르네상스의 이름난 인문주의자 데시데리위스 에라스뮈스(Desiderius Erasmus, 1466?~1536년)의 이름을 따서 지었습니다. 다리의 모양 때문에 '백조 다리'라고도 불리며, 로테르담의 가장 중요한 상징물입니다. 다리의 남쪽 끝 경간에는 89미터 길이의 도개교(큰 배가 지나갈 수 있도록 위로 열리는 구조로 만든 다리)가 있습니다. 자동차와 전차, 자전거 그리고 보행자 모두 이 다리를 이용할 수 있습니다.

로테르담은 암스테르담에 이어 네덜란드에서 두 번째로 큰 도시이자 지방 자치 단체입니다. 1270년 로테에 댐을 건설하면서 만들어졌고, 네덜란드의 많은 지역과 마찬가지로 해수면보다 낮은 위치에 있습니다. 물류와 경제의 중심지로 유럽에서 가장 큰 항구이기도 하지요. 철도, 도로 및 수로를 포함한 광범위한 유통망 덕분에 '유럽으로 가는 관문', '세계로 통하는 관문'이라는 별명이 붙었습니다.

▲ 선박이 통과할 수 있도록 몸체가 위로 열리는 도개교 아래로 배가 지나가고 있습니다.

▼ 에라스뮈스 다리를 공중에서 본 모습입니다.

▲ 로테르담의 상징적인 다리들. 왼쪽의 녹색 다리는 '승강기 다리'라는 뜻의 '더헤프(De Hef)'입니다. 지금은 사용하지 않으며, 들어 올려진 채 보존되고 있습니다. 오른쪽의 붉은색 다리는 네덜란드 왕 빌렘 3세의 이름을 딴 '빌렘스 다리(Willemsbrug)'인데 총길이 318미터, 경간 270미터로 1981년에 완공했습니다. 멀리 흰색의 에라스뮈스 다리도 보입니다.

▼ 제일란트 다리(네덜란드어로 Zeelandbrug, 제일란트브루크). 네덜란드에서 가장 긴 다리로 제일란트 지방의 스하우번다위벨란트섬과 노르트베벨란트섬을 연결합니다. 1963년에서 1965년 사이에 건설했습니다. 원래는 오스테르스헬더 다리(Oosterscheldebrug)라고 불렸으나 1967년 4월 13일에 제일란트 다리로 이름이 바뀌었습니다. 총길이는 5,022미터이고, 95미터 경간이 48개, 72.5미터 경간이 2개 있습니다. 나라 이름 뉴질랜드는 '새로운(New) 제일란트(Zealand)'라는 뜻으로 붙은 이름입니다.

다리 한가운데의 급경사 구간은 바다의 크고 사나운 물결인 '너울'이 공중으로 솟아올랐다 떨어지는 모습을 표현한 것이라고 합니다.

스토르세이수네 다리는 '대서양 도로(애틀랜틱 로드)'를 구성하는 8개의 다리 중 가장 긴 다리입니다. 대서양 도로란 노르웨이 본토의 롬스달반도와 뫼레오그롬스달주의 아베뢰위아섬을 연결하는 8.3킬로미터의 도로입니다. 1989년 7월 7일에 개통했으며, 1999년 6월까지 통행료를 받던 유료 도로였습니다. 6년간의 건설 기간 동안 노동자들은 이 지역의 거친 날씨로 어려움을 겪었고, 12개의 태풍(허리케인)으로 작업을 중단하기도 했습니다.

2006년에 영국의 일간지 〈가디언(The Guardian)〉은 이 다리를 세계 최고의 도로 여행지로 소개했습니다. 이 다리는 2009년 노르웨이 문화유산으로 지정되었습니다. 보는 방향에 따라 다리의 모습이 도드라지게 달라져서 자동차 광고 등에 많이 등장하는 다리로도 유명합니다.

▲ 스토르세이수네 다리를 롤러코스터처럼 휘도록 설계한 이유는 해안으로 불어닥치는 바람의 저항을 막기 위한 것입니다.

▼ 대서양 도로는 노르웨이 중서부 해안의 크고 작은 섬들을 지그재그로 연결합니다.

▲ **하르당에르 다리**(Hardanger Bridge). 하르당에르피오르의 안쪽 지역을 가로지르는 현수교입니다. 하르당에르피오르는 세계에서 다섯 번째, 노르웨이에서는 두 번째로 긴 피오르입니다. 피오르(Fjord)란 빙하가 있던 자리가 녹으면서 바닷물이 채워져 육지 깊숙하게 형성된 지형을 말합니다. 하르당에르 다리는 노르웨이에서 가장 긴 현수교로 알려졌는데 총길이 1,380미터, 경간 1,310미터입니다. 각 방향으로 1차선 도로가 있고 자전거, 보행자가 다닐 수 있는 길도 있습니다. 2013년에 개통했습니다.

▼ **퀼링 다리**(Kylling Bridge). 길이 60킬로미터인 노르웨이 서부의 계곡 롬스달렌과 이 계곡을 가로지르는 라우마강을 건너는 철도교입니다. 라우마강과 롬스달렌 계곡은 노르웨이에서도 경관이 매우 뛰어나기에 이 다리를 사진으로 남기는 사람들이 아주 많다고 합니다. 다리의 총길이는 76미터, 경간은 42미터입니다. 1913년 9월에 건설하기 시작해서 1921년 겨울에 완공했습니다.

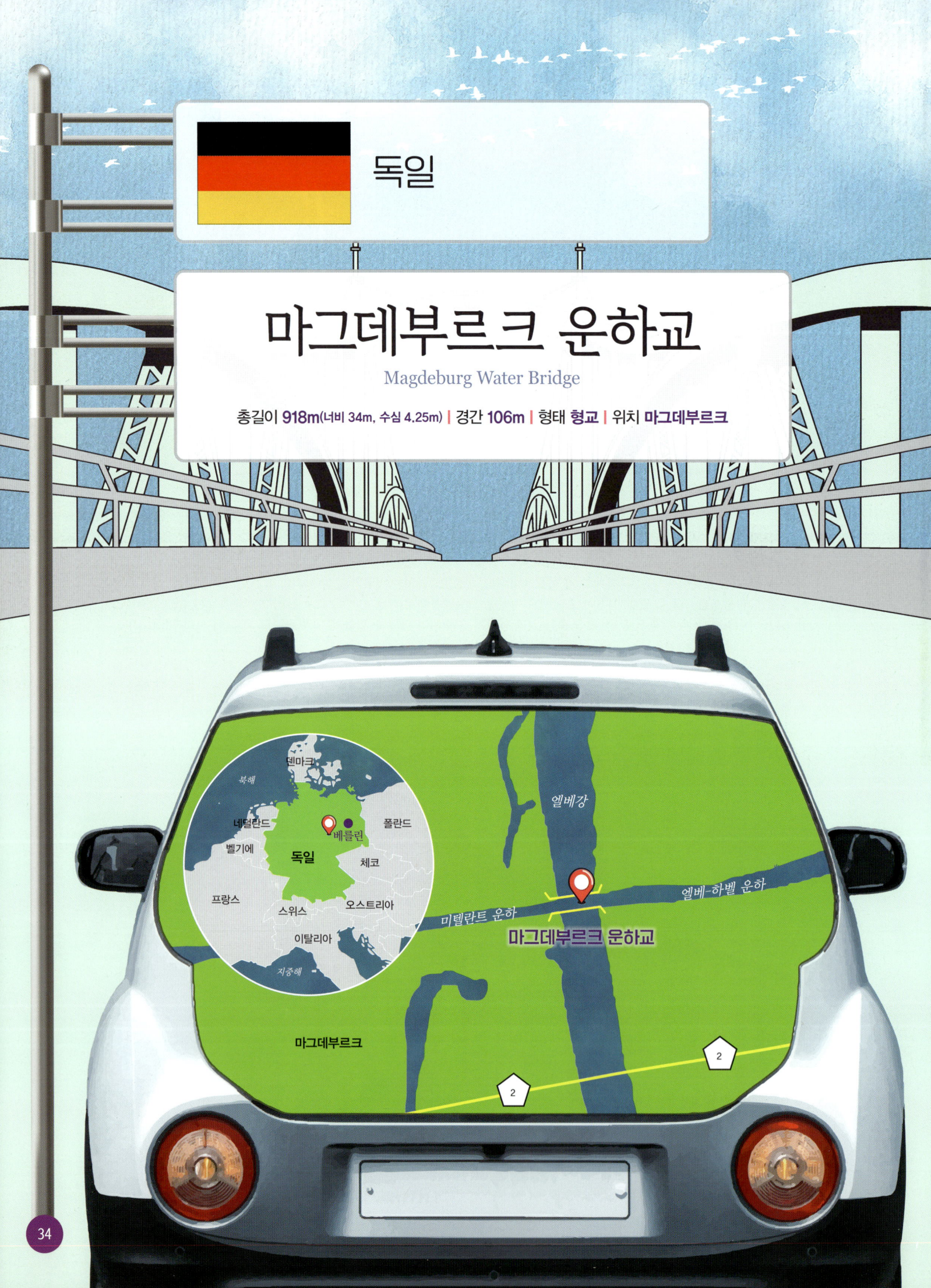

▲ 운하교 건너편으로 멀리 보이는 물길이 미텔란트 운하입니다.

◀ 운하교 위를 지나는 선박과 사람들의 모습입니다.

독일 중부의 마그데부르크에 있는 다리로 운하와 운하를 연결하는 운하교입니다. 6년의 공사 기간을 거쳐 2003년에 완공했습니다. 마그데부르크는 아우토반 2번 도로에 자리한 도시로 동유럽(베를린과 그 너머)과 서유럽 그리고 독일 북부와 남부를 연결하는 지점에 있습니다. 화학제품, 철강, 제지, 섬유 등 제조업 분야의 생산이 주로 이루어지는 곳이지요.

유럽에서 가장 큰 운하교인 마그데부르크 운하교(독일어로 Kanalbrücke Magdeburg, 카날브뤼케 마그데부르크)는 엘베강 위를 지납니다. 엘베강은 중부 유럽의 주요 강 중 하나로 체코에서 독일을 가로질러 북해로 흐르는데, 총길이는 1,094킬로미터에 이릅니다. 마그데부르크 운하교는 강 서쪽으로 미텔란트 운하, 강 동쪽으로 엘베-하벨 운하를 직접 연결해 배가 통과할 수 있도록 만들었습니다. 보행자와 자전거도 이 운하교를 이용할 수 있지요. 미텔란트 운하는 독일에서 가장 긴 인공 수로이며, 길이가 325.7킬로미터에 이릅니다. 56킬로미터 길이의 엘베-하벨 운하는 엘베강의 마그데부르크와 하벨강의 브란덴부르크를 연결합니다.

라코츠 다리(Rakotzbrücke). 크롬라우시의 조경 공원에 있는 다리로 1890년대에 지어졌다고 합니다. 물에 반사될 때 정확하게 원을 만들어서 이곳 사람들은 인간의 힘으로는 만들 수 없다고 하여 '악마의 다리'라고 부르기도 합니다. 사실 '악마의 다리'는 여러 나라에 존재하는데, 지역마다 각각 전하는 이야기도 다양하지요.

▲ 알테 나헤브뤼케(Alte Nahebrücke). 1300년쯤에 지은 '오래된 나헤 다리'라는 뜻의 석조 아치교입니다. 독일 서부의 온천 마을인 바트크로이츠나흐에 있지요. 원래 나헤강과 이웃한 운하에 걸쳐 있었으나, 제2차 세계 대전 중 일부가 파괴되면서 지금은 운하를 가로지르는 부분만 그대로 남아 있습니다. 다리 위에는 네 채의 건물이 있는데, 건물이 있는 다리로는 세계에서 몇 안 되는 다리입니다. 다리의 길이는 총 135미터입니다.

▼ 쾰브란트 다리(Köhlbrand Bridge). 독일 함부르크에 있는 사장교로 총길이 3618미터, 경간 325미터입니다. 빌헬름스부르크섬의 항구 지역을 7번 고속도로와 연결하며, 1974년 9월 9일에 개통했습니다. 쾰브란트강은 함부르크 항구에 있는 운테렐베강의 지류로 너비는 약 325미터입니다.

　　　크림교는 케르치 해협 다리(Kerch Strait Bridge) 또는 케르치 다리(Kerch Bridge)라고도 합니다. 케르치 해협은 흑해와 아조프해를 연결하는 좁고 긴 바다로 크림반도 동쪽의 케르치반도와 러시아 타만반도 사이에 있습니다. 해협의 너비는 3.1킬로미터에서 15킬로미터에 이르고, 최대 깊이는 18미터입니다.

　크림교는 케르치 해협을 건너는 한 쌍의 평행 교량입니다. 이 다리는 자동차와 기차 모두 다닐 수 있고, 러시아뿐 아니라 유럽에서도 가장 긴 다리로 알려졌습니다. 1943년부터 다리 건설을 구상했다고 하는데, 러시아가 크림반도를 흡수(우크라이나와 다른 나라들은 인정하지 않은 상태)한 2014년 이후 본격적으로 추진해 2016년 2월에 공사를 시작했습니다. 도로 다리는 2018년 5월에, 철도 다리는 2019년 12월에 개통했습니다. 다리 이름은 2017년 12월 온라인 투표를 통해 크림교로 정했는데, '케르치 다리'와 '통일 다리'가 각각 두 번째와 세 번째로 많았다고 합니다.

볼쇼이 카메니 다리(Bolshoy Kamenny Bridge). 러시아 대통령 관저인 크렘린 궁전(다리 뒤로 보이는 건물)을 기념사진으로 담을 때 꼭 들어가는 다리입니다. 모스크바강과 함께 말이지요. 처음 다리를 만들었을 때는 돌로 된 아치교였고, 지금의 다리는 세 번째 모습으로 1938년에 완공한 철제 아치교입니다.

지보피스니 다리(Zhivopisny Bridge). 러시아어로 '그림 같은 다리'라는 뜻이라고 합니다. 모스크바강을 건너는 사장교로 모스크바의 첫 번째 사장교입니다. 모스크바시의 보호 구역인 '은빛소나무 숲(Serebryany Bor)'을 피해 강의 흐름을 따라 만들었다는 점이 독특합니다.

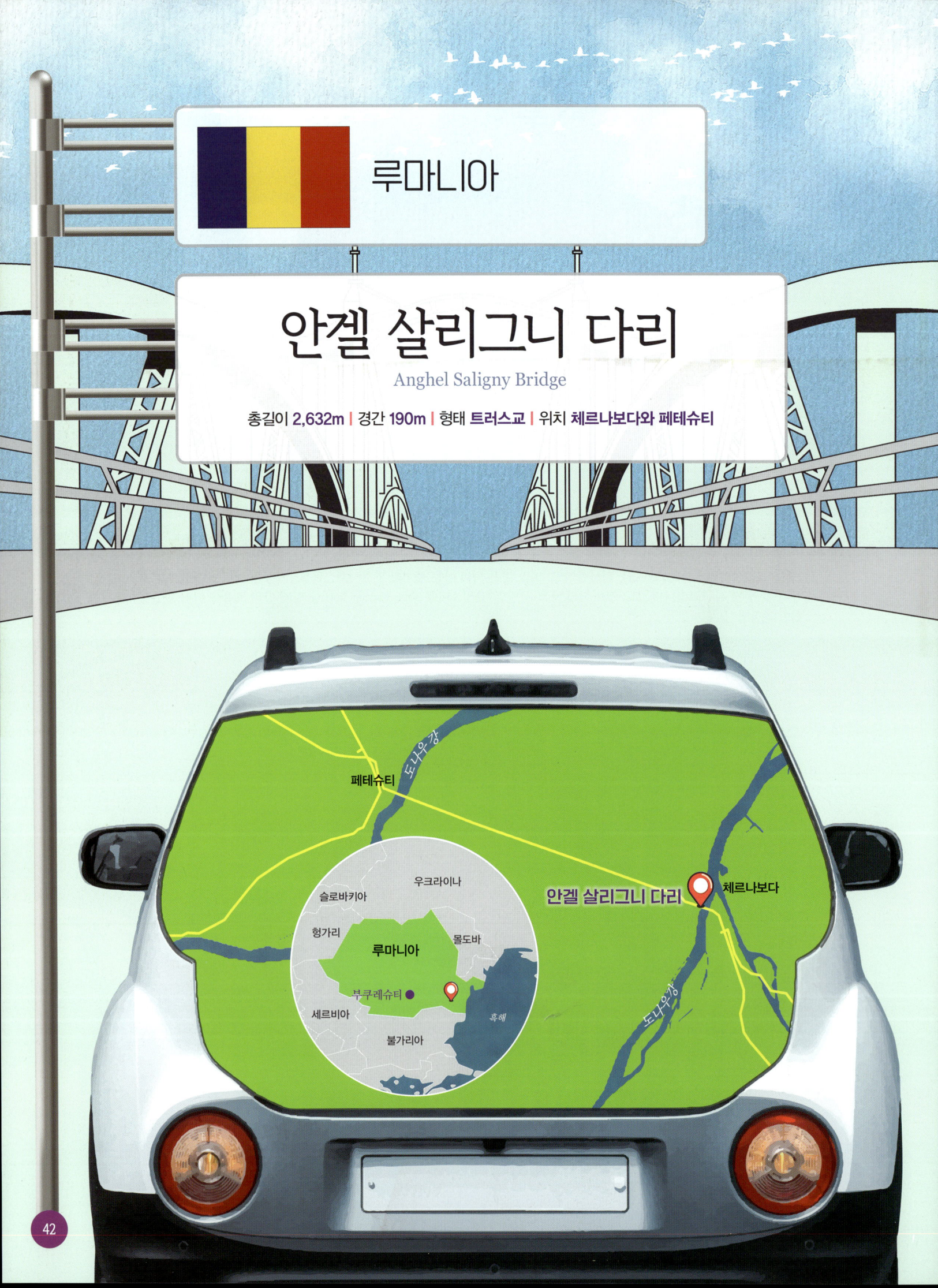

▲ 사진에서 오른쪽으로 나란하게 보이는 다리는 세르나보다 다리(Cernavodă Bridge)입니다. 총길이가 약 2,623미터에 이르며 기차, 자동차, 보행자 모두 이용할 수 있습니다.

▶ 안겔 살리그니 다리의 아치 입구입니다.

카롤 1세 다리(King Carol I Bridge)라고도 하며, 루마니아의 문테니아 지역과 도브루자 지역을 연결합니다. 도브루자는 불가리아와 루마니아의 영토로 나누어진 동유럽의 역사적 지역으로 북부는 루마니아, 남부는 불가리아에 속해 있지요. 국립 역사 유적지에 오른 것으로 알려진 이 다리는 도나우강과 이 강의 보르체아 지류를 건너는 철도 다리입니다.

도나우강은 영어로는 다뉴브강으로 불리며, 러시아의 볼가강 다음으로 유럽에서 두 번째로 긴 강입니다. 10개국을 가로질러 흐르기 때문에 세계에서 가장 많은 수의 국가를 지나는 강으로 꼽힙니다(나일강은 9개국). 독일에서 처음 생겨난 물줄기가 2,850킬로미터를 흐르는데 오스트리아, 슬로바키아, 헝가리, 크로아티아, 세르비아, 루마니아, 불가리아, 몰도바, 우크라이나를 통과하거나 국경을 접하고 흑해로 흘러 들어갑니다.

안겔 살리그니 다리는 1890년에서 1895년 사이에 건설되었으며, 루마니아의 공학자 안겔 살리그니(Anghel Saligny, 1854~1925년)가 설계했습니다. 1987년, 바로 옆에 세르나보다 다리를 놓을 때까지 100년 가까이 사용되었습니다.

바사라브 고가 다리(Basarab Overpass). 루마니아의 수도 부쿠레슈티에 있습니다. 길이는 1.9킬로미터이고, 유럽에서 가장 넓은 사장교로 너비는 44.5미터입니다. 기차와 자동차 모두 통행할 수 있으며, 매일 약 5만 대의 차량이 다리를 통과한다고 합니다. 2011년에 완공했습니다.

에펠 다리(Eiffel Bridge). 프루트강 위에 놓인 철교로 루마니아의 운게니와 몰도바의 운게니 사이에 있습니다. 철교는 러시아-튀르키예 전쟁(1877~1878년)을 준비하기 위해 러시아 제국이 1875년 6월 1일에 개통했습니다. 그러나 1876년 봄에 프루트강 범람으로 철교는 거의 파괴되었습니다. 프루트강은 도나우강 기슭의 지류인데, 길이가 약 953킬로미터에 이릅니다. 다리를 다시 세우기 위해 프랑스의 토목 기사 알렉상드르 귀스타브 에펠(Alexandre Gustave Eiffel, 1832~1923년)을 초청해서 1877년 러시아-튀르키예 전쟁 발발 3일 전인 4월 21일에 재건을 마쳤습니다. 오늘날 이 다리는 국경 수비대가 관리하고 있습니다.

민다우가스 다리 뒤로 어퍼성(Upper Castle)의 게디미나스 타워(오른쪽으로 깃발이 있는 탑)가 보입니다. 이 타워는 문화적, 역사적 건축물로 리투아니아의 중요한 방어 구조물이었습니다. 빌뉴스와 국가를 나타내는 상징이기도 한데, 매년 1월 1일에는 국기의 날을 기념하기 위해 리투아니아 삼색기를 게디미나스 타워에 게양합니다. 어퍼성 단지는 리투아니아 국립 박물관에 속해 있습니다.

리투아니아의 수도 빌뉴스의 네리스강 위에 놓인 다리입니다. 빌뉴스에서 인구가 가장 많은 지역인 지르무나이와 빌뉴스 구시가지를 연결하지요.

네리스강은 리투아니아 동남쪽에 있는 벨라루스 북부에서 처음 시작해 빌뉴스를 지나는 강으로 길이가 510킬로미터에 이릅니다. 빌뉴스는 1994년 유네스코 세계 유산으로 지정된 구시가지의 건축물로 유명합니다. 제2차 세계 대전 이전에 빌뉴스는 유럽에서 꽤 큰 유대인 중심지였고, 유대인의 영향으로 '리투아니아의 예루살렘'이라는 별명이 붙었습니다. 1812년에 빌뉴스를 지나던 나폴레옹은 이곳을 '북쪽의 예루살렘'이라고 불렀다고 합니다.

다리의 이름은 민다우가스라는 리투아니아 왕의 이름에서 따왔으며, 2003년 민다우가스의 대관식 750주년을 기념하여 개통했습니다.

민다우가스 다리를 공중에서 찍은 모습(위)과 이 다리가 있는 빌뉴스의 야경 모습(아래)입니다.

▲ **녹색 다리**(Green Bridge). 어퍼성에서 내려다보면 왼쪽으로 민다우가스 다리가 보이고, 민다우가스 다리 왼쪽으로 녹색 다리가 보입니다. 16세기에 지은 원래의 녹색 다리는 빌뉴스에서 가장 오래된 다리였습니다. 1536년에 처음 만들었는데, 현재의 민다우가스 다리에 더 가까이 있었습니다. 다리가 불에 타면서 1679년에 두 번째 다리를 만들었고, 이어서 1739년에 나무로 세 번째 다리를 만들어 녹색으로 칠했습니다. 그 뒤로 녹색 다리로 알려졌지요. 현재의 다리는 1952년에 완공하여 옛 소련 장군 이반 체르냐홉스키(Ivan Chernyakhovsky, 1907~1945)의 이름을 따서 부르다가 1990년 리투아니아의 독립 선언 이후 다시 녹색 다리로 부르고 있습니다. 녹색 다리 아래에는 미술 작품 〈사슬(The Chain)〉이 설치되어 있습니다.

▼ **비타우타스 대교**(Vytautas the Great Bridge). 네무나스강을 건너는 다리로 카우나스의 알렉소타스 지역과 구시가지를 이어 줍니다. 카우나스는 리투아니아에서 빌뉴스에 이어 두 번째로 큰 도시이며, 리투아니아의 경제·학문·문화 생활의 중심지입니다. 비타우타스 대교의 길이는 256미터가 넘고, 너비는 16미터입니다. 비타우타스 대공의 이름을 딴 이 다리는 1930년 1월 11일에 완공했습니다. 제2차 세계 대전 중에 다리가 폭파되었으나 1948년에 다시 세웠으며, 2005년에 대대적인 재건 작업을 마쳤습니다.

스타리 모스트는 보스니아어로 '오래된 다리'라는 뜻입니다. 다리가 있는 지역의 이름을 따서 모스타르 다리(Mostar Bridge)로도 부릅니다. 모스타르의 경제 및 행정의 중요성이 커지면서 네레트바 협곡 위에 있던 나무 현수교를 교체해서 세웠는데, 완성하는 데 1557년에서 1566년까지 9년 걸렸습니다.

모스타르는 보스니아헤르체고비나에서 다섯 번째로 큰 도시로 도시의 이름은 중세 시대에 스타리 모스트를 지킨 다리 수호자 모스타리(Mostari)에서 유래했습니다. 네레트바강을 가로지르는 스타리 모스트는 1993년 11월 9일 크로아티아와의 전쟁으로 파괴될 때까지 427년 동안 사용되었습니다. 그 뒤 2004년 7월 23일에 다시 세워 개통했지요. 네레트바강은 보스니아헤르체고비나와 크로아티아를 거쳐 아드리아해로 흐르며, 총길이 225킬로미터 중 208킬로미터가 보스니아헤르체고비나에 있습니다. 스타리 모스트는 발칸 이슬람 건축물의 모범적인 사례로 꼽힙니다.

17세기에 오스만 제국의 영토와 이웃 땅을 40여 년간 여행한 탐험가 에블리야 첼레비(Evliya Çelebi, 1611~1682년)는 다리를 가리켜 "그 다리는 하늘로 치솟은 무지개 아치처럼 한 절벽에서 다른 절벽으로 뻗어 있고…… 나는 16개국을 지나왔지만 이렇게 높은 다리를 본 적이 없다. 다리는 하늘만큼 높은 바위에서 바위로 던져졌다"라고 기록했습니다. 한편, 다리에서는 매년 한여름(7월 말)에 '스타리 모스트 다이빙' 대회가 열리는데, 1968년에 정식 대회가 시작된 후 계속해서 이어지고 있습니다.

스타리 모스트 아래로 네레트바강이 흐르고, 다리 주변 상가는 관광객들로 북적입니다.

메흐메드 파샤 소콜로비치 다리(Mehmed Paša Sokolović Bridge). 보스니아헤르체고비나 동부 비셰그라드 지역의 드리나강에 있는 오래된 다리입니다. 드리나강은 길이가 346킬로미터에 이르며, 보스니아헤르체고비나와 세르비아 사이의 국경을 이룹니다. 1577년 오스만 제국의 궁정 건축가인 미마르 시난이 완성했습니다. 오스만 제국은 튀르키예 제국이라고도 하는데, 14세기부터 20세기 초까지 유럽 동남부, 서아시아, 북아프리카 대부분을 통치하던 광대한 제국을 가리킵니다. 유네스코는 2007년 세계 유산 목록에 메흐메드 파샤 소콜로비치 다리를 올렸습니다. 길이가 179.5미터인 이 다리는 11~15미터 길이의 석조 아치가 11개 있고, 강의 왼쪽 제방에는 4개의 아치가 있는 직각 진입로가 있습니다. 다리의 이름은 이 다리를 짓도록 한 오스만 제국의 정치가 이름을 따서 붙였습니다. 다리는 노벨상 수상자인 유고슬라비아의 작가 이보 안드리치(Ivo Andrić, 1892~1975년)가 쓴 《드리나의 다리》(The Bridge on the Drina, 1945)라는 책으로 널리 알려졌습니다.

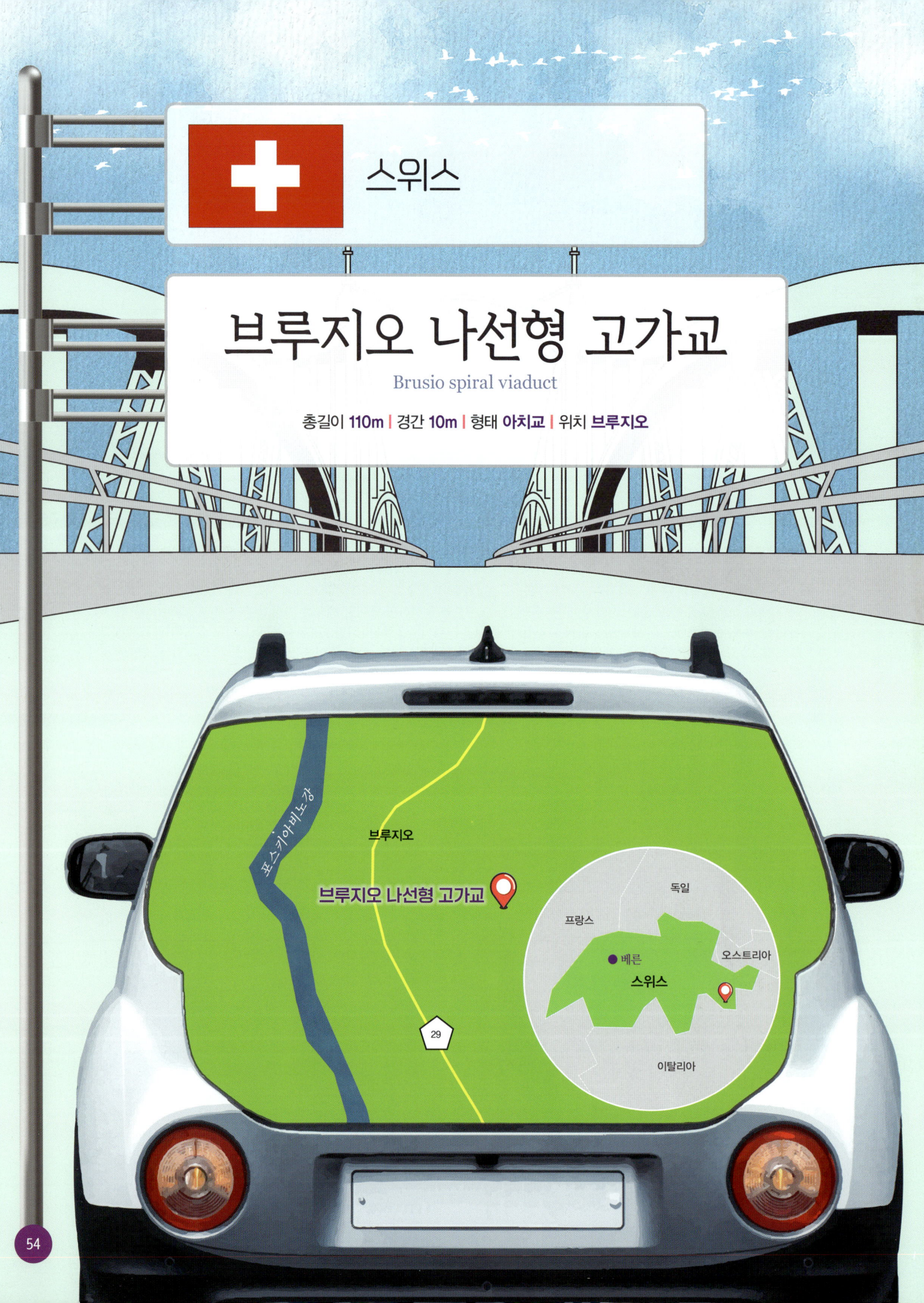

　　브루지오 나선형 고가교는 소라 껍데기처럼 빙빙 비틀려 돌아간 나선 모양으로 높게 놓인 구름다리입니다. 유네스코 세계 문화유산에 오른 베르니나 철도 노선의 일부로 1908년 7월 1일에 개통했습니다.

　　베르니나 철도 노선은 이웃한 이탈리아와 연결되고 해발 2,253미터 높이에 있어 유럽에서 가장 높은 철도 건널목(철도와 도로가 교차하는 곳)이자 스위스에서 세 번째로 높은 철도로 꼽힙니다. 또 밑변과 높이의 비율인 경사도가 최대 7퍼센트로 세계에서 매우 가파른 접착 철도(Adhesion railway, 경사로에서 기차가 미끄러지지 않게 하는 철도) 중 하나입니다. 철도를 건설할 때 기술자들은 경로와 기능이 자연경관을 해치지 않고, 될 수 있는 대로 복잡함을 피하는 쪽으로 원칙을 정했다고 합니다.

트리프트 다리(Trift Bridge). 스위스 알프스의 트리프트제 호수 위를 지나는 현수교입니다. 알프스를 오르는 등산객들이 트리프트 산장에 갈 수 있도록 길을 만들면서 시작되었다고 하지요. 아름답지만 한편으로는 아찔한 구름다리로 유명합니다. 트리프트제는 트리프트 빙하가 녹으면서 최근(2001년 이후)에 생긴 호수입니다.

채플 다리(Chapel bridge, 예배당 다리). 카펠교(Kapellbrücke)라고도 합니다. 스위스 중부 루체른시의 로이스강에 놓인, 지붕이 있는 나무 인도교이지요. 근처에 성 베드로 예배당이 있어 이런 이름이 붙었습니다. 유럽에서 가장 오래된 목조 다리이며, 세계에서 가장 오래된 트러스교입니다. 지역의 상징이자 스위스의 주요 관광 명소이기도 합니다.

오른쪽이 포르투갈레테 지역입니다.

비스카야 다리는 비스카야 지방 서쪽의 인구 밀도가 높은 포르투갈레테와 풍요로운 주거 지역인 라스아레나스를 연결하는 운송 다리입니다. 길이 72킬로미터에 이르는 네르비온강을 배들이 자유롭게 운항할 수 있도록 고안한 것이지요. 이 지역 사람들과 공식 누리집에는 이 다리를 푸엔테 콜간테(Puente Colgante), 곧 스페인어로 '매달아 놓은 다리'라는 뜻의 현수교라고 부르지만 구조는 현수교와 매우 다릅니다.

1893년에 귀스타브 에펠(파리 에펠탑의 설계자)의 제자인 알베르토 팔라시오(Alberto Palacio, 1856~1939년)가 설계했으며, 세계에서 가장 오래된 운반교(다리 상판에 움직이는 기구가 매달려 있어 사람과 차량을 수송하는 다리)입니다. 자동차와 사람을 실어 나르는 데 2분이 걸리지 않는다고 하지요. 매일 8분 간격으로(밤에는 1시간) 운영하고, 요금을 받습니다. 유네스코는 이 다리가 아름다움과 기능성을 갖추었다고 해서 2006년에 세계 문화유산으로 지정했습니다.

비스카야 다리는 공중에 매달린 곤돌라를 이용해 사람과 짐을 운반한 세계 최초의 다리입니다. 19세기의 전통적인 방식으로 철제 구조물을 제작한 데다 당시에는 새로운 기술의 결과물인 강철 케이블을 사용했기에 산업혁명 시대를 대표하는 뛰어난 철제 건축물로 평가받고 있습니다.

다리 위를 사람들이 걸어서 건널 수도 있습니다.

파빌리온 다리(Bridge Pavilion), 2008년 스페인 엑스포를 위한 상징물 중 하나로 건설했습니다. 박람회장의 주요 입구가 되는 280미터 길이의 혁신적인 다리로 에브로강 위를 가로지르지요. 내부는 지금까지도 전시장으로 사용되고 있습니다.

기적의 수로교(Miraculous Aqueduct). 로마가 스페인을 점령했을 당시의 수로교로 지금은 일부만 남아 있습니다. 저수지의 물을 도시로 보내는 통로로 이용한 구조물입니다. 지금은 유네스코 세계 문화유산으로 보호하고 있습니다.

영국

웨스트민스터 다리
Westminster Bridge

총길이 **250m** | 폭 **26m** | 형태 **아치교** | 위치 **런던**

　　웨스트민스터 다리는 웨스트민스터 궁전(국회 의사당)에서 템스강을 건너 램버스 지역을 연결합니다. 템스강은 런던을 포함해 잉글랜드 남부를 흐르는 강으로 길이가 346킬로미터에 이릅니다. 잉글랜드에서 가장 길고 영국 전체에서는 세번강 다음으로 긴 강이지요. 램버스 지역은 런던이 확장하면서 발전한 곳으로 상업 및 주거용 건물이 서로 가까이 붙어 있으며, 현대에 들어선 고층 건물이 많습니다.

　1738~1750년 사이에 세운 웨스트민스터 다리는 주로 부드러운 녹색으로 칠해져 있습니다. 웨스트민스터 궁전에서 바라보았을 때(사진에서 왼쪽 방향) 오른쪽으로 램버스 다리(Lambeth Bridge)가 있는데, 이 다리는 붉은색이라 대조를 이룹니다. 런던의 상징물 중 하나인 런던 아이는 웨스트민스터 궁전 왼쪽 건너편에 있습니다.

　사진에서 다리 뒤로 보이는 것이 웨스트민스터 궁전이고, 궁전 오른쪽의 빅벤(Big Ben)이라 불리는 시계탑은 크다는 뜻의 'Big'과 건설 책임자 이름(Benjamin Hall)의 'Ben'을 합쳐 이름을 붙였습니다. 빅벤의 정식 이름은 엘리자베스 타워입니다.

타워 브리지(Tower Bridge). 1886년에 시작해서 1894년에 완공한 개폐식 다리입니다. 현재 영국 왕실 박물관으로 사용하고 있는 런던 타워에서 런던 시내를 연결하지요. 큰 배가 다닐 수 있게 다리가 위로 들어 올려지도록 만들었으며, 런던의 주요 상징 중 하나입니다. 가운데 왼쪽(작은 배가 향하는 방향)에 있는 것이 런던 타워(노란색 원 안)이고, 강 건너 맞은편에 찌그러진 것처럼 보이는 둥근 건물이 런던 시청(붉은색 원 안)입니다.

▲ 게이츠헤드 밀레니엄 다리(Gateshead Millenium Bridge). 게이츠헤드와 뉴캐슬 사이의 타인강에 놓인 인도교, 곧 보행자와 자전거가 다니는 다리입니다. 2001년부터 사용하기 시작했는데 다리가 약 40도로 회전하면서 움직이는 독특한 디자인으로 많은 관심을 받고 있습니다. 배가 다닐 때 회전하는 방식과 모양 때문에 '윙크하는 다리' 또는 '눈을 깜박이는 다리'라는 별명이 붙었습니다.

◀ 배가 지나갈 수 있도록 다리가 회전한 상태의 모습입니다.

오스트리아에서 수도 빈(영어로 Vienna, 비엔나) 다음으로 큰 도시 그라츠에 있는 다리입니다. 우리말로 '무어섬'이라는 뜻의 무어인젤은 무어강 한가운데에 '섬'처럼 떠 있으며, 다리는 강으로 나누어진 구시가지와 신시가지를 연결합니다.

무어강은 총길이가 약 464킬로미터에 이르는데, 약 326킬로미터는 오스트리아 내륙을 흐르고 슬로베니아와 크로아티아, 헝가리도 거쳐 흐릅니다. 그라츠의 구시가지(독일어로 Altstadt, 알트슈타트)는 중부 유럽에서도 보존이 가장 잘 되어 있는 곳으로 꼽힙니다. 1999년에 유네스코는 구시가지를 세계 문화유산으로 지정했고, 2010년에는 서쪽 가장자리에 있는 에겐베르크 궁전까지 지정 구역을 넓혔습니다.

그라츠는 2003년에 유럽 문화 수도로도 선정되었는데, 이를 기념해 거대한 조개껍데기 형태의 무어인젤을 설계했다고 합니다. 중앙은 원형 극장으로 꾸몄으며, 둥근 돔 아래에는 카페와 놀이터가 있습니다. 무어인젤 다리는 사람들이 지나다닐 수 있는 인도교입니다.

▲ 사진에서 무어인젤 왼쪽으로 두 번째 다리 오른편에 있는, 검은 지붕에 돌기가 솟은 건물(원 안)은 쿤스트하우스 그라츠(Kunsthaus Graz, '그라츠 미술관'이라는 뜻)입니다. 이 건물 역시 2003년 유럽 문화 수도 선정 기념행사의 하나로 지었으며, 이후 그라츠의 상징물이 되었습니다. 이곳에서는 1960년대부터 현대 미술을 전문으로 하는 전시 프로그램을 운영하고 있습니다.

▶ 무어인젤 돔 내부의 터널 모습입니다.

◀ 다리 가운데 공간에는 야외로 이어진 원형 극장이 있습니다.

베키오 다리 바로 뒤로 보이는 산타트리니타 다리(Ponte Santa Trìnita)는 세 개의 평평한 타원이 특징으로 세계에서 가장 오래된 타원형 아치교입니다. 그 뒤로 카라이아 다리(Ponte alla Carraia)가 보입니다.

베키오 다리는 996년 문서에 처음 나타나며, 피렌체의 아르노강에 걸쳐 있습니다. 아르노강은 중부 이탈리아에서 가장 중요한 강으로 길이가 241킬로미터에 이릅니다. 베키오 다리는 여러 차례 홍수로 무너졌다가 재건되었는데, 1345년에 다시 세운 다리는 3개의 분할 아치로 구성되었습니다. 가운데 경간은 30미터이고, 두 개의 측면 아치는 각각 27미터입니다. 아치의 높이는 3.5~4.4미터입니다.

원래 이 다리 위에는 정육점, 대장간, 가죽 처리장 등이 있었는데 1595년, 페르디난도 1세가 다리를 깨끗하게 한다며 이들을 추방하는 법령을 제정해 금세공 상점과 보석 상점만 들어오게 했습니다. 이 법령은 오늘날까지도 유효하다고 합니다.

베키오 다리는 이탈리아어로 폰테베키오(Ponte Vecchio)라고 하며, 낡은 다리 또는 오래된 다리라는 뜻입니다. 베키오 다리가 있는 이탈리아 중북부의 피렌체는 중세 유럽 무역과 금융의 중심지이자 매우 부유한 도시였습니다. 현재 이 도시는 매년 수백만 명의 관광객을 끌어들이고 있습니다. 유네스코는 1982년에 피렌체 역사 지구를 세계 문화유산으로 지정했습니다. 피렌체는 이탈리아 패션에서도 중요한 역할을 하는 곳으로 세계 15대 패션 수도로도 일컬어집니다.

다리 위의 상점들은 처음에는 정육점, 제혁업자, 농부들이 점유했지만 지금은 보석상, 미술품 및 기념품 판매점이 들어와 있습니다.

코스티투치오네 다리(Ponte della Costituzione, 헌법 다리), 이탈리아 베니스의 대운하를 가로지르는 네 번째 다리입니다. 2008년에 공개했고, 2008년 이탈리아 헌법 제정 60주년을 기념하기 위해 이름을 붙였습니다. 베니스의 관광객이나 현지인들은 이 다리를 설계한 사람의 이름을 따서 칼라트라바 다리(Calatrava Bridge, 이탈리아어로 Ponte di Calatrava)라고 부른다고 합니다. 북쪽의 기차역과 대운하 남쪽에 있는 로마 광장(위 사진에서 오른쪽 방향)을 연결합니다. 위쪽에 보이는 푸른색 지붕의 건물은 산시메오네피콜로 교회로 1718~1738년에 건설했습니다.

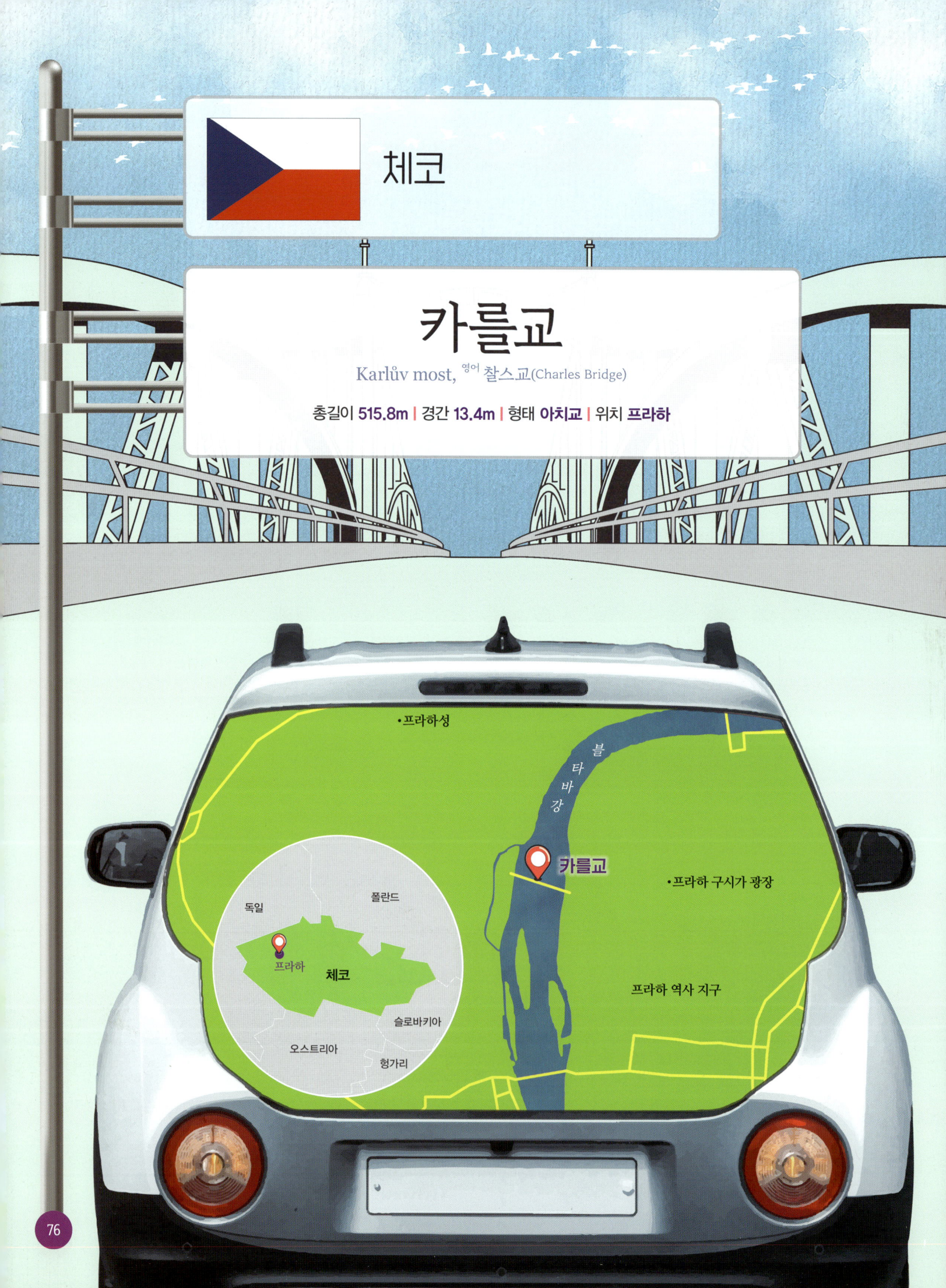

　　　프라하의 블타바강(독일어로 몰다우강)을 건너는 중세 석조 아치교로 카렐교라고도 합니다. 폭은 9.5미터에 이르지요. 블타바강은 흔히 '체코강'으로도 불리는데, '야생의 물'이란 뜻의 고대 게르만어에서 유래한 것으로 알려졌습니다.

　　다리는 1357년, 신성 로마 제국의 황제가 된 최초의 보헤미아 왕 카를 4세(Karl IV, 1316~1378년)의 후원으로 짓기 시작하여 45년 후에 완공했다고 합니다. 1841년까지 블타바강을 건너는 유일한 다리로서 프라하성과 도시의 구시가지 및 인접 지역을 연결하는 가장 중요한 수단이었습니다. 이 다리로 인해 프라하가 동유럽과 서유럽을 잇는 무역로로 중요해졌지요.

　　프라하는 체코의 수도로 유럽 연합에서 13번째로 큰 도시이며, 중부 유럽의 정치, 문화, 경제 중심지입니다. 로마네스크 시대에 세워져 고딕, 르네상스, 바로크 시대에 번성했고, 보헤미아 왕국의 수도이자 여러 신성 로마 황제, 특히 카를 4세의 주요 거주지가 있는 곳이었습니다. 1992년에 프라하의 광대한 역사 지구는 유네스코 세계 문화유산 목록에 올랐습니다. 흔히 프라하는 런던, 파리, 로마, 이스탄불에 이어 유럽에서 다섯 번째로 사람들이 많이 방문하는 도시로도 꼽힙니다.

▲카를교를 지나 뒤로 보이는 푸른 돔 지붕은 성 니콜라스 교회입니다. 오른쪽에 제일 높은 건물이 보이는 곳이 프라하성 지구로 뾰족하게 솟은 건물은 성 비투스 대성당이고, 바로 그 아래에 보이는 것이 프라하성입니다. 프라하성은 9세기(870년에 건설 시작)에 지었는데 옛날에는 보헤미아의 왕, 신성 로마 제국의 황제가 사용했고 지금은 체코 대통령 관저로 쓰이고 있습니다.

▼다리에는 30개의 조각상이 있으며, 원래 1700년쯤에 만들었습니다. 지금은 모두 복제품으로 바뀌었습니다.

트로야 다리(Troja Bridge). 2014년에 개통한 다리로 블타바강을 가로지릅니다. 다리의 길이는 262미터이고 트로야 궁전과 프라하 동물원, 프라하 식물원이 있는 트로야와 홀레쇼비체 지역을 이어 줍니다. 홀레쇼비체는 유럽에서 가장 멋진 10대 도시 중 하나로 선정된 곳입니다. 트로야 다리에는 기차와 자동차가 다니고 있으며, 보행도 가능합니다. 사진에서 왼쪽이 홀레쇼비체 지역입니다.

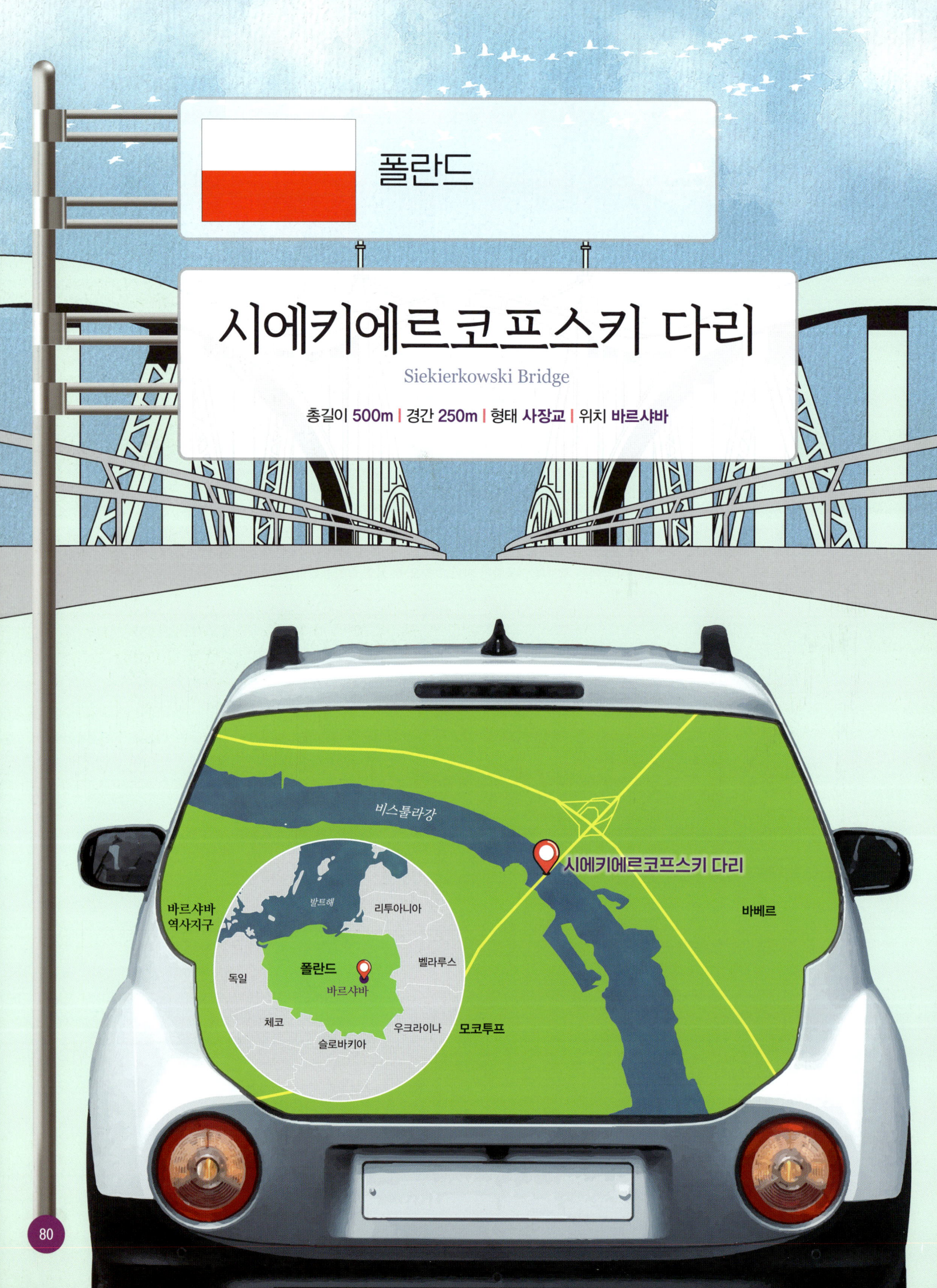

폴란드 바르샤바의 비스툴라강을 건너는 폭 33.38미터, 길이 500미터인 사장교입니다. 모코투프와 바르샤바 남동쪽의 바베르 지역을 연결하지요. 비스툴라강은 길이가 1,047킬로미터로 폴란드에서 가장 긴 강이자 유럽에서 아홉 번째로 긴 강입니다. 모코투프는 인구 밀도가 높은 지역으로 산업화 비중이 낮고, 대부분 공원 녹지가 발달했습니다.

2002년에 개통한 다리의 이름은 비스툴라강 서쪽에 있는 지역명을 땄습니다. 바르샤바는 폴란드의 수도로 유럽 연합에서 일곱 번째로 인구가 많은 도시입니다. 바르샤바 역사 지구는 유네스코 세계 문화 유산으로 지정되었으며, 도시 면적의 약 4분의 1이 공원인 점이 특징입니다.

▶ 시에키에르코프스키 다리에는 각 방향으로 3개의 차로를 비롯해 자전거와 보행자가 이용할 수 있는 도로가 나 있습니다.

▲ 오지멕 현수교(Ozimek Suspension Bridge). 폴란드의 오지멕 마을에 있는 마와파네프강을 건너는 현수교입니다. 1827년에 완공했으며, 상판은 목재로 만들었습니다. 1938년까지 도로 다리로 사용했는데, 이후로 보행자만 이용하고 있습니다.

◀ 유제프피우수트스키 대장 부대 다리(Legions of Marshal Józef Piłsudski Bridge). 폴란드 중부에 있는 도시 프워츠크의 비스툴라강을 가로지르는 도로-철도 다리(사람과 자전거도 다님)입니다. 왼쪽 강둑에 있는 구시가지와 라지비에 지구를 연결하지요. 유럽에서 가장 긴 조명 다리로 알려졌습니다. 총길이 690.4미터, 경간 110.4미터입니다.

　　프랑스 남부 미요 지방 근처의 타른 협곡(좁고 깊게 패어 들어간 골짜기)과 계곡(물이 흐르는 골짜기)을 가로질러 2004년에 완공한 다리입니다. 2020년 9월 기준으로 구조 높이가 336.4미터에 이르는, 세계에서 가장 높이 지은 다리로 유명하지요. 1980년대에 타른 계곡이 있는 미요 부근의 도로 정체가 심하고, 특히 여름에는 파리에서 스페인으로 가는 차들로 매우 혼잡했기 때문에 이를 해결하기 위한 방안 중 하나로 강과 골짜기를 가로지르는 도로 다리인 미요 대교를 건설했습니다. 미요 지방은 타른강과 두르비강이 합류하는 지점에 있습니다.

　미요 대교는 프랑스 북부에 있는 수도 파리에서 남부 지역의 베지에 및 몽펠리에에 이르는 A75 - A71 고속도로의 한 구간이기도 합니다. 베지에는 매년 8월 투우가 중심인 베지에 축제가 열리는 곳입니다. 5일간의 이 행사에는 백만 명의 방문객이 몰리곤 하지요. 몽펠리에는 마르세유와 니스에 이어 지중해 연안에서 세 번째로 큰 도시인데, 지난 25년간 프랑스에서 가장 빠르게 성장한 도시라고 합니다.

노르망디교(Pont de Normandie). 프랑스 북부 노르망디의 르아브르와 옹플뢰르를 연결하는 센강을 가로지르는 사장교입니다. 센강은 길이가 775킬로미터이고, 영국 해협으로 흐릅니다. 파리에는 센강을 가로지르는 37개의 다리가 있는데, 도시 외곽에는 수십 개가 더 있습니다. 노르망디교는 센강이 바다와 만나기 전 마지막에 놓인 다리입니다. 통행료를 내야 하는 다리이지만, 보행자와 자전거 운전자는 무료로 통과할 수 있도록 배려한 길이 따로 있습니다. 1988년에 짓기 시작해서 1995년에 완공했습니다.

▲ 정면에서 본 노르망디교 모습입니다. 양 방향으로 각각 2개의 차로와 보행로가 있습니다.

▲ **가르교**(Pont du Gard). 가르동강에 놓인 고대 로마 양식의 수로교입니다. 물이 필요한 마을에 물을 공급하고자 높은 산 위의 물을 이용할 수 있는 수로 시설로 만들었습니다. 3층의 거대한 아치로 이루어졌으며, 가르동 계곡에 49미터 높이로 세워졌습니다. 아치는 1층에 6개, 2층에 11개, 3층에 35개가 있습니다. 9세기까지 그 기능을 유지했으나 이후로 관리가 되지 않아 기능을 잃었다고 합니다. 역사적 중요성을 인정받아 1985년 유네스코 세계 문화유산에 올랐습니다.

▼ 가르교의 2층 모습입니다.   ▼ 가르교 3층의 수로(물길) 모습입니다.

가라비 고가교(Garabit viaduct). 산악 지역인 프랑스 캉탈의 트뤼예르강에 걸쳐 있는 철도 아치교입니다. 1885년에 개통했으며, 에펠탑으로 유명한 귀스타브 에펠이 설계했습니다. 총길이 565미터(경간 165미터), 강 위 124미터 높이에 있어 건설 당시 세계에서 가장 높은 아치교로 인정받았습니다.

서아시아

아랍에미리트 **셰이크 자이드 다리**
요르단 **압둔 다리**
이란 **시오세 다리**
튀르키예(터키) **오스만 가지 대교**

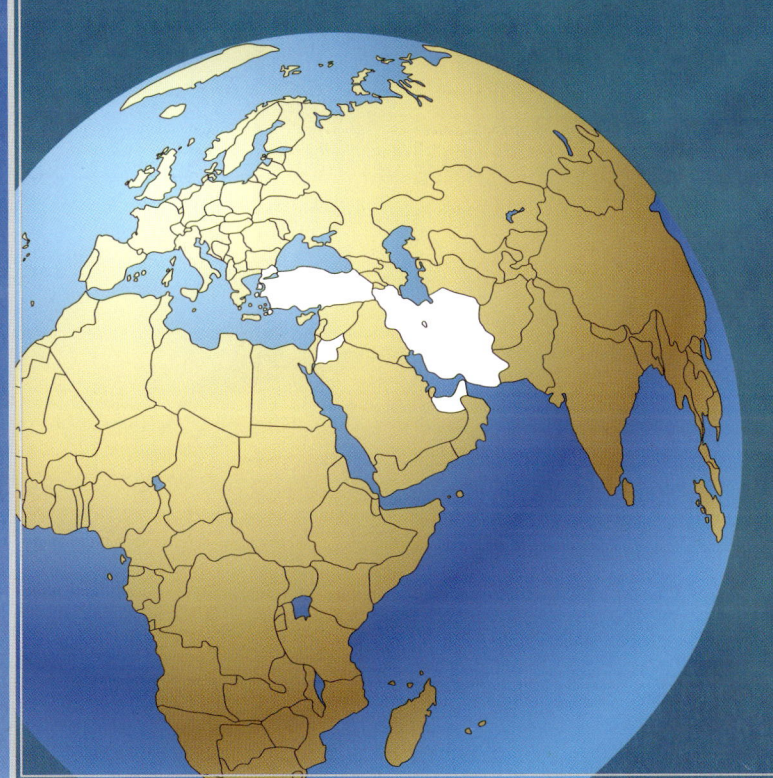

    '셰이크(Sheikh)'는 왕실 남성, '셰이카(Sheikha)'는 왕실 여성을 부르는 호칭으로 다리 이름에는 아랍에미리트에서 '민족의 아버지'라 불리는 통치자(자이드 빈 술탄 나하얀, Sheikh Zayed bin Sultan Al Nahyan)를 기리는 뜻이 담겼다고 합니다.

    2010년에 완성한 이 다리는 아부다비의 섬들과 아부다비 본토 그리고 아부다비 국제공항 사이에 있습니다. 움직이는 느낌을 주기 위해 조명의 색상이 계속 변화하도록 디자인했으며, 다리의 선은 사막 지역의 모래언덕을 떠올리게 하는 곡선 모양으로 표현했다고 합니다. 주 아치의 길이는 235미터이고, 수면 위로는 60미터에 이릅니다. 4개의 차선과 보행자 통로로 이루어졌는데, 이 통로를 포함해 4차선의 총길이는 842미터입니다. 우리에게는 '동대문 디자인 플라자'를 설계한 것으로 유명한 이라크 출신의 건축가 자하 하디드(Zaha Hadid, 1950~2016년)의 작품입니다.

셰이크 자이드 다리는 아치가 강철로 이루어졌고, 콘크리트 블록으로 서로 연결되어 있습니다. 다리의 조명은 조명 디자이너로 유명한 네덜란드의 로히어르 판테르 헤이더(Rogier van der Heide)가 설계했습니다.

메이단 다리(Meydan Bridge). 두바이에 있으며, 물결치는 듯한 조명으로 유명합니다. 다리는 왕족을 위한 출입구이자 상징물이 되도록 푸른 빛의 조명으로 꾸몄다고 합니다. 두바이에서는 매년 경마 월드컵이 열리는데, 이 다리가 경마장을 연결합니다. 멀리 가운데에 높게 솟은 건물은 세계에서 가장 높은 건물로 알려진 부르즈 할리파입니다.

압둔 다리는 이 다리를 설계한 회사의 창립자 카말 샤이르를 기리기 위해 '카말 샤이르 다리(Kamal Al-Shair Bridge)'라고도 부릅니다. 사진에서 뒤편에 높이 솟은 두 개의 건물 중 왼쪽은 암만 로타나 호텔(Amman Lotana Hotel)로 요르단에서 제일 높은 건물로 꼽힙니다. 오른쪽 건물은 더블유 암만(W Amman)으로 150미터 높이의 5성급 호텔입니다. 암만에서 네 번째로 높은 건물입니다.

압둔 다리는 요르단 수도 암만에 있습니다. 요르단에서 하나뿐인 사장교로 와디 압둔을 가로지르는데, 와디(Wadi)란 아랍어로 계곡 또는 시냇물 바닥을 의미합니다. 2002년 12월 14일부터 건설하기 시작해 2006년 12월 14일에 개통했습니다. 암만 순환도로의 한 부분이며, 남부 암만과 제4 서클 및 자흐란 거리를 연결합니다.

제4 서클(4th Circle)은 암만에 있는 8개의 서클 중 하나인데, 서클이란 원 모양의 교통섬을 만든 후 신호등이 없이 자동차가 회전 교차하도록 만든 광장을 말합니다. 제4 서클은 요르단 총리 관저가 있는 곳으로 잘 알려진 곳입니다. 다리에는 주 경간 길이가 134미터로 똑같은 세 개의 Y자형 타워를 세웠습니다. 인접한 도로와 이어지도록 다리를 S자 곡선으로 만든 것도 특징입니다.

알라베르디 칸 다리(Allahverdi Khan Bridge)가 공식 이름이지만, 시오세 다리(Si-o-se-pol)로 널리 알려져 있습니다. 이스파한에 있는 이란고원의 가장 큰 강 자얀데루드를 건너는 11개의 다리 가운데 가장 큰 다리이지요. 이란고원은 중앙아시아, 남아시아 및 서아시아에 2,000킬로미터가량 걸쳐 있는데, '고원(높은 지대에 펼쳐진 넓은 벌판)'이라고는 해도 평평하지 않으면서 여러 산맥에 둘러싸여 있습니다. 가장 높은 봉우리는 5,610미터의 화산인 다마반드로 세계에서 12번째로 높고, 아시아에서는 에베레스트에 이어 두 번째로 높은 봉우리입니다.

이란 사파비 건축의 대표적인 사례로 꼽히는 시오세 다리는 1602년에 다리와 댐의 기능을 할 수 있도록 만들었습니다. 사파비 건축은 이란 사파비 왕조 시대(1501년~1736년)에 지금의 이란과 코카시아 지역에서 거대한 돔 등을 건설하는 데 탁월한 기술을 보여 준 건축 양식입니다. 다리의 공식 이름은 다리 건설을 감독한 군대 총사령관 알라베르디 칸 운딜라제(Allahverdi Khan Undiladze)의 이름을 딴 것입니다. 널리 불리는 시오세라는 이름은 '33'을 뜻하는데, 이 다리는 33개의 아치가 있는 것으로 유명합니다.

다리가 있는 이스파한은 사파비 왕조의 수도였던 곳으로 현재의 수도 테헤란에서 남쪽으로 406킬로미터 떨어져 있으며, 이스파한주의 중심 도시이기도 합니다. 이스파한의 인구는 마슈하드와 테헤란에 이어 이란에서 세 번째로 많습니다. 이스파한에는 또한 역사적 건물과 기념물, 그림, 유물 등도 많습니다. '이스파한은 세상의 절반'이라는 페르시아 속담으로도 이스파한의 명성을 짐작할 수 있지요. 한편, 이스파한에 있는 나크시에 자한 광장은 세계적으로도 규모가 큰 도시 광장으로 유네스코는 이곳을 세계 문화유산으로 지정했습니다.

시오세 다리는 약속 장소로도 인기가 높습니다. 밤이 되면 한낮의 열기가 식은 다리 위에서 모임을 하거나 휴식을 취합니다.

오스만 가지 대교는 동서 방향으로 약 48킬로미터, 남북 방향으로 폭이 약 2~3킬로미터에서 10킬로미터에 이르는 이즈미트만의 좁은 지점에 놓인 현수교입니다. 튀르키예의 게브제시와 알로바주를 연결하고, 만을 가로질러 O-5 고속도로와 이어지지요. 2019년에 완공한 O-5 고속도로는 튀르키예에서 가장 큰 도시인 이스탄불과 주변의 대도시를 이즈미르와 부르사 지역으로 연결합니다.

오스만 가지 대교는 2016년 7월 1일에 개통해 당시 주 경간 길이로는 튀르키예에서 가장 긴 현수교이자 세계에서 네 번째로 긴 현수교가 되었습니다. 그러나 지금은 2022년 3월에 세계에서 가장 긴 현수교인 '차나칼레 1915 다리(Çanakkale 1915 Bridge)'가 개통하면서 순위가 바뀌었습니다. 한편, 오스만 가지 대교의 개통으로 이스탄불과 이즈미르 사이의 거리는 약 140킬로미터 짧아졌다고 합니다. 또 두 대도시 간의 이동 시간도 6시간 반에서 3시간 반으로 줄어들었다고 합니다.

터키가 아니고 튀르키예 ?!

2022년 6월, 터키 정부는 나라 이름을 터키(Turkey)에서 튀르키예(Turkiye, '터키인의 땅'이라는 뜻)로 바꾸고, 유엔은 물론 각국 외교부에도 이렇게 변경해 달라고 요청했습니다. 터키라는 영어 단어가 '칠면조'를 가리키고, '비겁자', '겁쟁이'란 속어로도 사용되기 때문에 국명으로 어울리지 않는다는 이유에서였습니다. 이에 우리나라 정부도 터키의 국호를 '튀르키예'로 바꾸어 표기하기로 공식 확정해 사용하고 있습니다.

타비아트 다리(Tabiat Bridge). 타비아트란 페르시아어로 '자연'을 뜻하는 말입니다. 그러니 이 다리를 '자연의 다리'라고 할 수 있습니다. 이란의 수도 테헤란 북부의 주요 고속도로인 모다레스 고속도로가 지나면서 이동에 어려움이 있는 탈레가니 공원과 압오아타시 공원을 이어 줍니다. 압오아타시(Ab-o-Atash)는 페르시아어로 '물과 불'이란 뜻입니다. 2009년에 개통했습니다.

차나칼레 1915 다리(Çanakkale 1915 Bridge). 다르다넬스 해협을 가로지르는 세계에서 가장 긴 현수교입니다. 다르다넬스 해협은 튀르키예와 유럽 사이에 있는 좁은 해협으로 이 다리를 통해 아시아와 유럽이 연결되지요. 다리의 주 경간은 2,023미터, 주탑 높이는 334미터이고 총길이는 3,600미터에 이릅니다. 우리나라 기업에서 건설했는데 2018년에 공사를 시작해 48개월 만에 완공했으며, 강한 지진과 바람에도 견딜 수 있도록 설계했다고 합니다. 이 다리가 개통되기 전까지는 1998년에 개통한 일본의 아카시 해협 대교가 주 경간 1,991미터로 세계에서 가장 긴 현수교였습니다.

세베란 다리(Severan Bridge). 튀르키예 남동부 지역에 있으며, 차비나 다리(Chabina Bridge)라고도 합니다. 차비나강을 건너는 로마식 다리이지요. 이 다리는 카타에서 시닉을 잇는 지방 도로에 포함되어 있는데, 카타와 시닉은 아디야만 지방에 있는 도시입니다. 다리는 강의 가장 좁은 지점에 있는 두 개의 바위에 단순한 아치 형태로 세워졌습니다. 다리에는 원래 기둥이 4개 있었지만 지금은 3개만 보이며, 다리를 세운 왕이 부인과 두 아들 그리고 자신을 기리기 위해 만들었다고 합니다.

갈라타 다리(Galata Bridge). 이스탄불의 골든혼을 가로지르는 다리입니다. 골든혼은 금각만(金角灣)이라고도 표기하는데 바다에서 육지로 들어온 금각만의 모습이 뿔처럼 생겼고, 저녁에 해가 질 때면 물빛이 황금빛으로 보여서 '황금뿔'이란 뜻의 이름으로 부르게 되었습니다. 이 다리는 19세기 말부터 튀르키예 문학에 등장하기 시작했으며, 이스탄불의 전통 도시와 현대의 상업 시설이 밀집된 지역을 연결하는 역할을 합니다. 다리 건너 왼쪽에 바로 보이는 사원이 '새로운 사원(New Mosque 또는 New Valide Sultan Mosque)'이고, 그 뒤로 멀리 보이는 사원이 누루오스마니예 사원입니다.

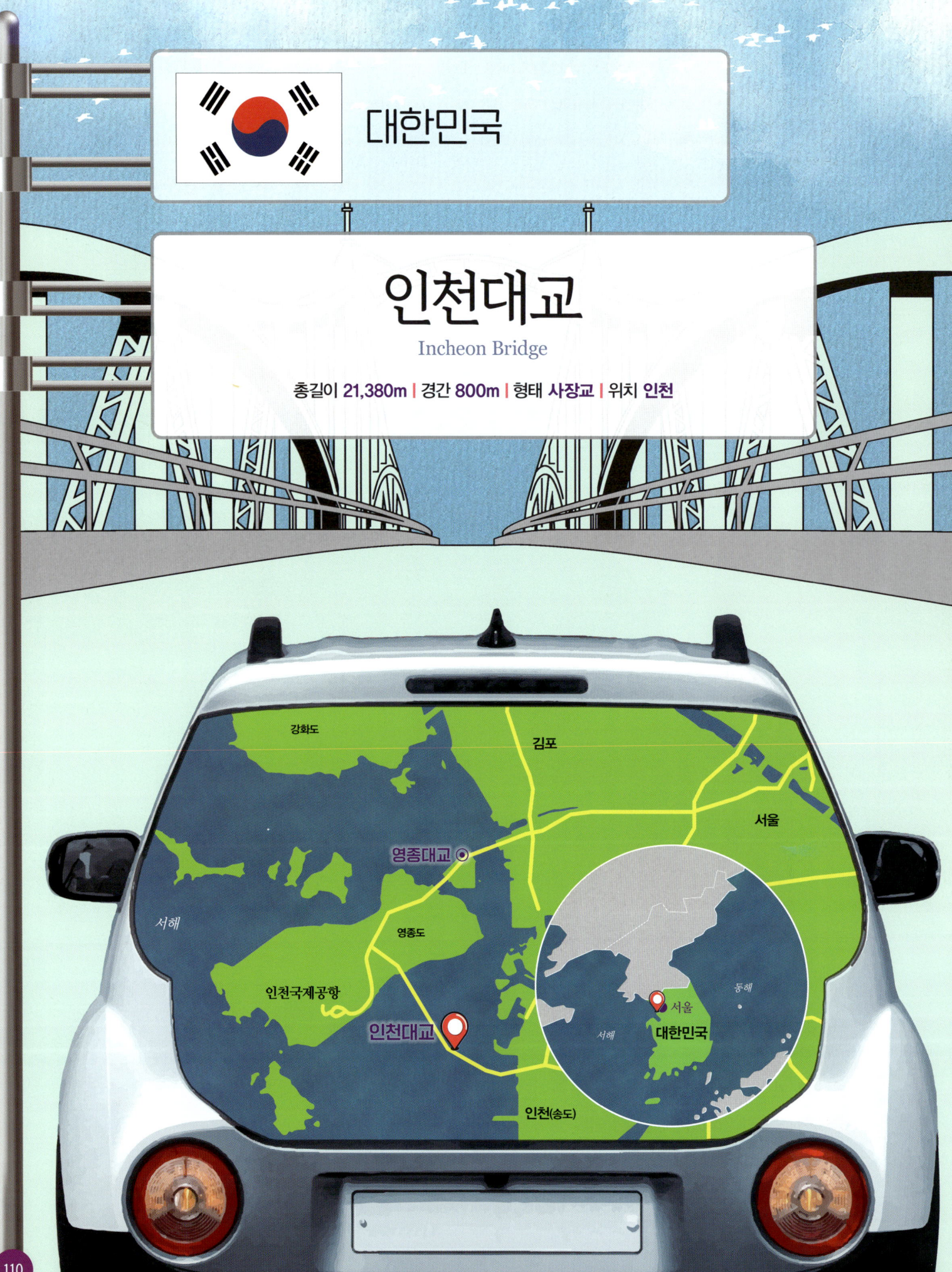

　　2009년 10월에 개통하면서 영종대교에 이어 영종도와 인천을 잇는 두 번째 다리가 되었습니다. 영종대교 남쪽에 건설한 인천대교는 우리나라에서 가장 긴 다리로 꼽힙니다. 전체 길이로 따지면 세계에서 33위쯤 되는데, 세계 사장교 중 경간 거리로 비교했을 때는 15위쯤 하지요. 경간 거리가 우리나라에서 가장 긴 다리는 여수와 광양 사이에 놓인 이순신대교로 1,545미터입니다. 이순신대교는 현수교 중에서는 경간 거리가 세계에서 여덟 번째로 긴 현수교입니다.

　　인천대교는 송도와 인천국제공항을 바로 연결하여 이동 시간을 최대 1시간으로 단축했습니다. 또 이 다리 덕분에 서울 강남과 수도권 남부 지역에서 인천국제공항까지의 통행 시간이 크게 줄었습니다.

▲ 인천대교의 경관 조명은 계절에 따라 점등 시간을 다르게 운영하고 있습니다. 5가지 색상이 30초 간격으로 자동 조절되고 있지요(출처: 인천대교 누리집).

▼ 사진에서 왼쪽 방향이 영종도이고, 맨 위쪽에 보이는 다리가 영종대교입니다.

이순신대교. 전라남도 여수시 묘도동과 광양시 금호동을 연결하는 길이 2,260미터의 현수교입니다. 해수면에서 상판까지의 높이가 최대 85미터, 평균 71미터나 됩니다.

서해대교. 평택과 당진을 잇는 사장교로 2000년에 개통했습니다. 총길이 7,310미터(경간 470미터)이며 인천대교, 광안대교(7,420미터) 다음으로 우리나라에서 세 번째로 긴 다리입니다. 교각과 교각 사이에 콘크리트 판을 얹어 잇는 공법으로 건설했습니다. 다리 중간에는 고속도로 휴게소가 된 행담도가 있습니다.

광안대교. 부산광역시 수영구 남천동에서 해운대구 센텀시티 부근을 잇는 왕복 8차로의 다리입니다. 우리나라 최초의 2층 구조로 된 해상 교량이지요. 현수교인 이 다리는 2002년 12월에 개통했습니다. 총길이는 7,420미터(경간 500미터)로 우리나라에서 두 번째로 긴 다리입니다. 수영로와 해운대 지역의 교통 체증을 해결하고 항구에서 경부고속도로를 빠르게 연결해 물류비용을 절약할 수 있게 되었다고 합니다. 다리 위층은 해운대구에서 수영구 방향으로, 아래층은 그 반대 방향으로 운영됩니다. 해마다 광안대교 걷기 대회도 열리고 있습니다.

▲ 창선-삼천포대교. 경상남도 사천시와 남해군을 연결하는 5개의 다리(삼천포대교, 초양대교, 늑도대교, 창선대교, 단항교)를 일컫는 이름입니다. 늑도, 초양도, 모개도를 징검다리 삼아 사천시 삼천포와 남해군 창선도 사이를 이어 줍니다. 총길이는 3,400미터로 1995년 2월에 공사를 시작해 2003년 4월 28일 개통했습니다. 섬이 육지와 다리로 연결되면서 주민들의 삶도 많이 바뀌었다고 합니다. 2006년에 건설교통부는 이 다리를 '한국의 아름다운 길 100선' 대상으로 선정했습니다. 왼쪽부터 삼천포대교, 초양대교, 늑도대교, 창선대교가 보이고 단항교는 창선대교 지나 있으나 사진에서는 보이지 않습니다.

▶ 순천 선암사 승선교. 조선시대 후기에 만들어진 아치교입니다. 1963년에 대한민국 보물로 지정되었습니다. 다리 가운데 아래로 조그맣게 뾰죽 솟아 있는 석재는 용의 머리를 닮았는데, 고통의 세계에서 부처의 세계로 건너는 중생들을 보호하겠다는 뜻이 담겨 있다고 합니다. 비슷한 모양의 다리로 보성 벌교 홍교가 있습니다.

◀ **월출산 구름다리.** 전라남도 영암군 월출산 국립공원의 매봉과 사자봉을 연결하는 다리입니다. 이 구름다리로 두 봉우리 사이를 단 5분 만에 건널 수 있지요. 해발 605미터 높이에 세워 우리나라 산악 지역 구름다리 가운데 가장 높은 곳에 자리하고 있습니다. 1978년에 개통했지만 낡아서 다시 공사한 뒤 2006년에 재개통했습니다. 폭을 약 40센티미터 넓혀서 1미터가 되게 하였고, 길이는 51미터에 이릅니다.

조선민주주의
인민공화국(북한)

선죽교
Seonjukgyo

총길이 **8.35m** | 폭 **3.36m** | 위치 **개성**

　　북한 국보 문화유물로 지정된 다리로 개성 남대문에서 동쪽 약 1킬로미터 거리의 자남산 남쪽 개울에 있습니다. 선죽교(善竹橋)는 원래 선지교(善地橋)라 불렸는데 정몽주가 이방원(태종)에게 다리 위에서 피살되었고, 피살되던 날 밤 다리 옆에서 대나무가 솟아 나왔다 하여 선죽교로 고쳐 불렀다고 전해집니다. 그러나 정몽주가 선죽교에서 죽지 않았다는 설에서부터 정몽주가 죽기 전부터 선죽교라 불렀다는 설까지 정확하게 확인하기는 어렵지요.

　　선죽교는 본래 일반적인 옛 다리와 마찬가지로 난간이 설치되어 있지 않았는데, 현재 모습을 보면 돌난간이 있습니다. 이는 정몽주의 후손이 정조 임금 때 개성에서 벼슬하면서 정몽주의 혈흔이 짓밟히는 것을 염려해 돌난간을 설치, 사람들이 다니는 것을 막고 그 대신 옆에 따로 돌다리를 세워 통행하게 했기 때문입니다. 2013년 유네스코는 선죽교를 포함해 고려 시대를 대표하는 유산이 모여 있는 개성의 유적 지구를 세계 문화유산으로 지정했습니다.

평양의 대동강을 가로지르는 다리들. 맨 앞에 보이는 다리가 대동교이고, 그 뒤로 옥류교와 릉라교(표준어로 능라교)가 보입니다. 대동교는 한국전쟁 때 파괴되었던 것을 전쟁 후에 다시 세웠으며, 옥류교는 1960년에 완공했습니다. 릉라교는 릉라 다리라고도 하는데, 길이는 약 1,070미터로 1988년에 완공했다고 합니다.

　　　말레이시아 북서부 해안에서 약 30킬로미터 떨어져 있고 타이(태국) 국경에 인접한 케다 주의 랑카위섬에 있는 다리입니다. 상판이 해발 660미터 높이에 있는 걷는 다리이지요. 랑카위는 99개의 섬으로 이루어진 군도인데 5개의 작은 섬은 썰물 때만 볼 수 있으며, 섬 전체가 면세 구역으로 지정된 유명 관광지입니다.

　랑카위라는 이름의 유래에는 여러 가지 설이 있습니다. 그중 하나는 랑카위가 구어체(입말체) 말레이어로 흰머리솔개인 적갈색 독수리의 섬을 의미한다는 것입니다. 이는 랑카위의 상징으로 독수리 조각상이 만들어진 것과도 연관이 있지요. 또 하나는 랑카위가 '많은 아름다운 섬'을 뜻한다는 것입니다.

　다리는 주변 경치를 즐길 수 있게 곡선형 산책로로 설계했고, 방문객이 다리를 따라 걸을 때 나타나는 풍경이 달라지도록 했습니다. 2005년에 완공했으며, 최대 250명이 한꺼번에 이용할 수 있습니다. 2012년에 수리하기 위해 폐쇄했다가 2015년에 다시 개통했습니다.

랑카위 하늘 다리는 곡선으로 된 125미터 길이의 산책로를 케이블로 지지하는 보행자 다리입니다.

술탄 압둘 할림 무앗잠 샤 대교(Sultan Abdul Halim Muadzam Shah Bridge). 말레이시아 본토와 페낭을 연결하는 두 번째 다리여서 '페낭 두 번째 다리 E28(Penang Second Bridge E28)'이라고도 부릅니다. 페낭은 연방제 국가인 말레이시아를 구성하는 나라 중 하나이며, 동방의 실리콘 밸리로 알려졌는데 말레이시아 국가 중 1인당 국내 총생산이 가장 높습니다. 사장교인 이 다리의 총길이는 2,400미터(경간 250미터)로 말레이시아에서 가장 깁니다. 2014년에 완공했습니다.

사진 오른편이 다낭 국제공항 쪽이며, 용의 머리가 향한 쪽이 다낭의 동쪽 해변 방향입니다.

남중국해 연안에 면한 항구 도시이자 베트남 중부의 최대 상업 도시인 다낭에 있는 다리입니다. 다낭시 해방 38주년이 되는 2013년 3월 29일에 개통했습니다. 이 다리는 다낭 국제공항에서 한강(Song Han)을 건너 다낭시의 다른 주요 도로까지 가장 짧은 거리로 연결하고, 다낭의 동쪽 해변까지 빠르게 접근할 수 있도록 해 줍니다.

다리를 용 모양으로 만들어 용교(龍橋)라고 하는데, 매주 토요일과 일요일 밤 9시에 불과 물을 뿜어내는 연출이 이루어져 현지 사람들과 관광객들이 많이 찾고 있습니다.

▲ 용교의 길이는 666미터, 폭은 37.5미터이며, 각 방향으로 3개의 차선이 있습니다. 멋진 야경과 화려한 볼거리로 이름난 다리이지요.

▼ 백롱교(Bach Long Bridge). 박롱 유리 다리라고도 합니다. 박롱은 '하얀 용'이라는 뜻으로 다리는 이름처럼 희고 투명한 색채를 띠고 있습니다. 수도 하노이에서 약 200킬로미터 떨어진 손라 지역의 목쩌우 아일랜드 관광 단지에 있습니다. 지상에서 150미터 높이에 있는 이 다리는 총길이가 632미터로 세계에서 가장 긴 유리 다리로 알려졌습니다. 30미터짜리 탑이 3개 있고, 바닥은 안전을 위해 40밀리미터 두께의 강화 유리를 3겹으로 사용했다고 합니다. 2022년 4월에 개통했습니다.

황금교(Golden Bridge). 다리에 금칠이 되어 있어 붙은 이름으로 베트남어로는 까우방(Cầu Vàng)이라고 합니다. 다낭에 있는 150미터 길이의 보행자 다리입니다. 약간 휘어져 있고, 전망이 뛰어나 관광 명소가 되었습니다. 이 다리는 두 손이 받들고 있는 모양으로 유명합니다. 2018년 일반에 공개했습니다.

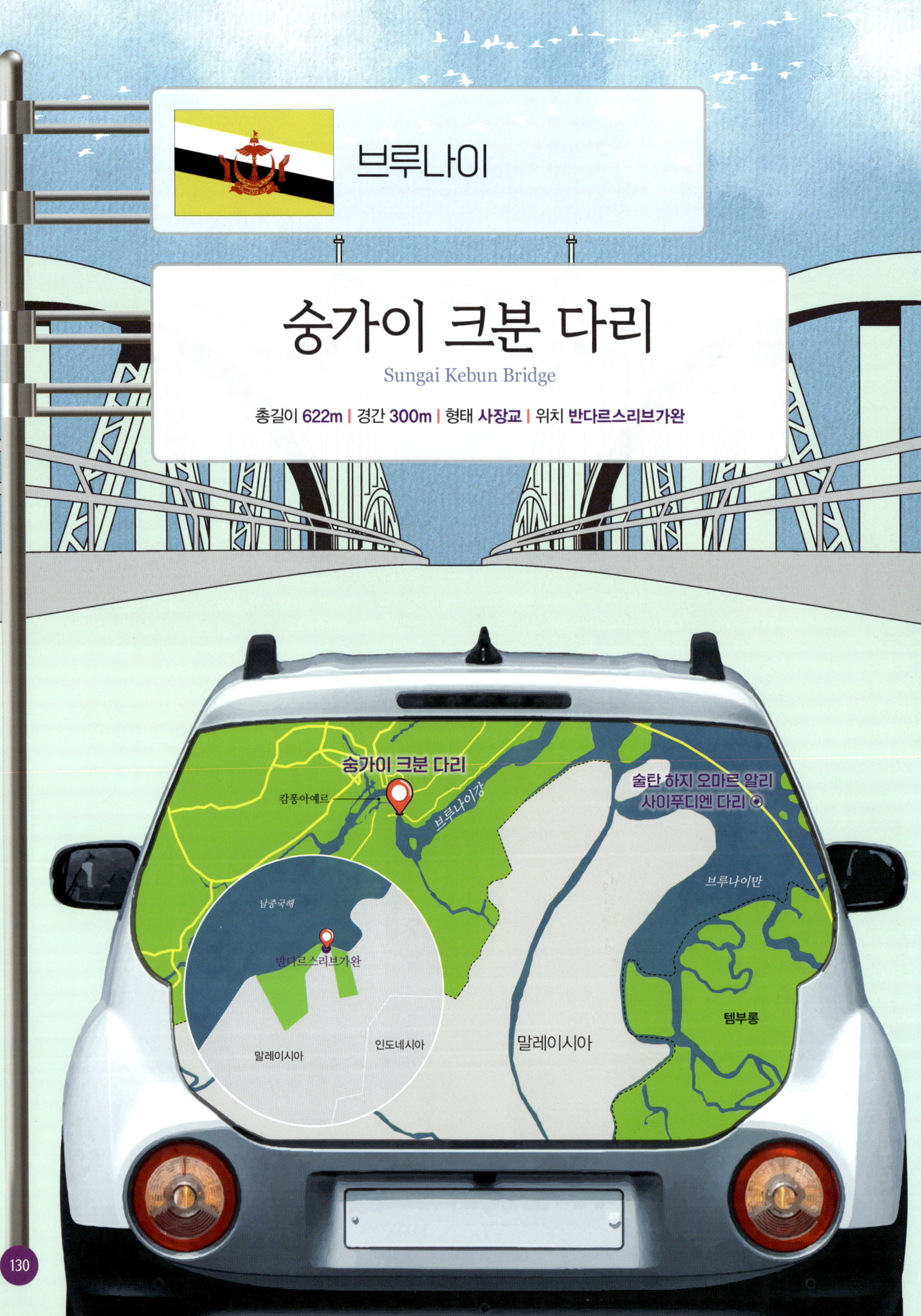

사진 오른쪽이 캄퐁아예르 방향입니다.

'숭가이 크분 다리'는 흔히 불리는 이름이고, 공식 명칭은 현재 브루나이의 술탄인 하사날 볼키아의 왕비 살레하(Saleha) 여왕의 이름을 딴 '라자 이스테리 펭기란 아낙 하자 살레하 다리(Raja Isteri Pengiran Anak Hajah Saleha Bridge, 약자 RIPAS)'입니다. 2017년에 개통했으며, 브루나이 최초의 사장교로 알려졌습니다. 탑의 높이는 157미터인데, 탑 꼭대기에는 지름 8.7미터, 무게 9,500킬로그램(9.5톤)의 이슬람 돔이 있습니다. 한 개의 주탑 사장교로는 세계에서 두 번째로 긴 다리로 브루나이강을 건넙니다.

브루나이강은 길이가 41킬로미터이고 브루나이에서 주요 강으로 꼽습니다. 전통적 주거 지역인 캄퐁아예르(Kampong Ayer, '물 마을'이란 뜻)가 강가에 있지요. 이 전통 수상 마을 지역 중 일부가 숭가이 크분입니다. 숭가이 크분 다리는 도시 중심부와 전통 주거 지역을 연결합니다. 이 다리 덕분에 지역 간 이동 시간이 30~45분 줄어들었다고 합니다. 다리 아래로는 브루나이의 상징과 비슷한 초승달 구조물이 있으며, 작은 건물은 전시 공간입니다.

술탄 하지 오마르 알리 사이푸디엔 다리(Sultan Haji Omar Ali Saifuddien Bridge), 흔히 템부롱 대교(Temburong Bridge)라고도 합니다. 브루나이 영토는 특이하게도 말레이시아와 브루나이만에 의해 분리되어 있는데, 이 분리된 영토를 이어 주는 유일한 다리입니다. 브루나이 수도를 포함하는 지역과 분리 지역인 템부롱을 브루나이만을 가로질러 연결하는데, 길이는 30킬로미터로 동남아시아에서 가장 깁니다.

우리나라 기업과 중국 기업이 맡아 건설했으며, 2020년 3월 17일에 개통했습니다. 이 다리 덕분에 통근자들은 말레이시아를 거치지 않고도 두 지역을 이동할 수 있게 되었습니다. 이전에는 분리된 두 지역을 직접 연결하는 방법이 수상택시 서비스밖에 없었는데, 약 45분이 걸렸다고 합니다. 2020년 7월 14일 술탄의 74번째 생일을 기념해 다리의 정식 명칭을, 술탄의 돌아가신 아버지 이름(오마르 알리 사이푸디엔)으로 불였습니다.

다리 뒤로 가운데 높게 솟은 280미터 높이의 'UOB 플라자(UOB Plaza)'와 바로 왼쪽으로 '원 래플스 플레이스(One Raffles Place)'가 보입니다. 두 건물은 싱가포르에서 구코 타워(Guoco Tower)에 이어 공동 2위로 높은 건물이라고 합니다.

싱가포르강을 가로지르는 차량용 다리입니다. 주요 상업 지역인 다운타운 코어와 싱가포르 중앙 지역을 연결하지요. 다운타운 코어는 높이 제한이 280미터인 고층 빌딩이 있는 곳으로 가장 도시화한 구역이며, 싱가포르 중앙 지역은 싱가포르강과 마리나만을 둘러싼 곳입니다. 지금의 다리는 1925년에서 1929년 사이에 건설했습니다. 다리 이름은 1862년 캐나다와 인도 총독을 지낸 식민지 행정관이자 외교관이었던 엘긴(James Bruce, 8th Earl of Elgin)에서 따왔습니다.

1822년에 이 다리를 만들었는데, 원래 목조 다리였던 것을 철로 대신해 지었습니다. 강을 가로지르는 최초의 영구적인 다리였지요. 2019년 10월 15일, 엘긴 다리를 비롯해 앤더슨 다리와 카베나 다리 셋을 합쳐 싱가포르강 다리(Singapore River Bridges)라 명명했고, 이 모두를 73번째 싱가포르 국립 기념물로 지정했습니다.

앤더슨 다리(Anderson Bridge). 1910년에 완공했으며, 당시 다리를 개통한 존 앤더슨(Sir John Anderson) 주지사의 이름을 따서 다리 이름을 지었습니다. 자동차 도로와 보행로가 같이 있습니다.

카베나 다리(Cavenagh Bridge). 싱가포르강 하류에 걸쳐 있는 유일한 현수교 및 사장교입니다. 1869년에 완성한 이 다리는 원래의 모습이 잘 보존된, 싱가포르에서 가장 오래된 다리이지요. 1910년 앤더슨 다리가 완공되면서 철거 위기를 피해 보행자 전용 다리로 바뀌었으며, 모든 차량은 앤더슨 다리로 돌아서 갑니다.

헨더슨 웨이브 다리(Henderson Waves Bridge). 페이버산 공원(사진에서 오른쪽)과 텔록 블랑가 힐 공원을 연결하는 보행자 다리입니다. 싱가포르에서 가장 높이 있는 보행자 다리라고 합니다. 7개의 물결 모양이 위아래로 번갈아 올라가고 내려가는 곡선 구조이지요.

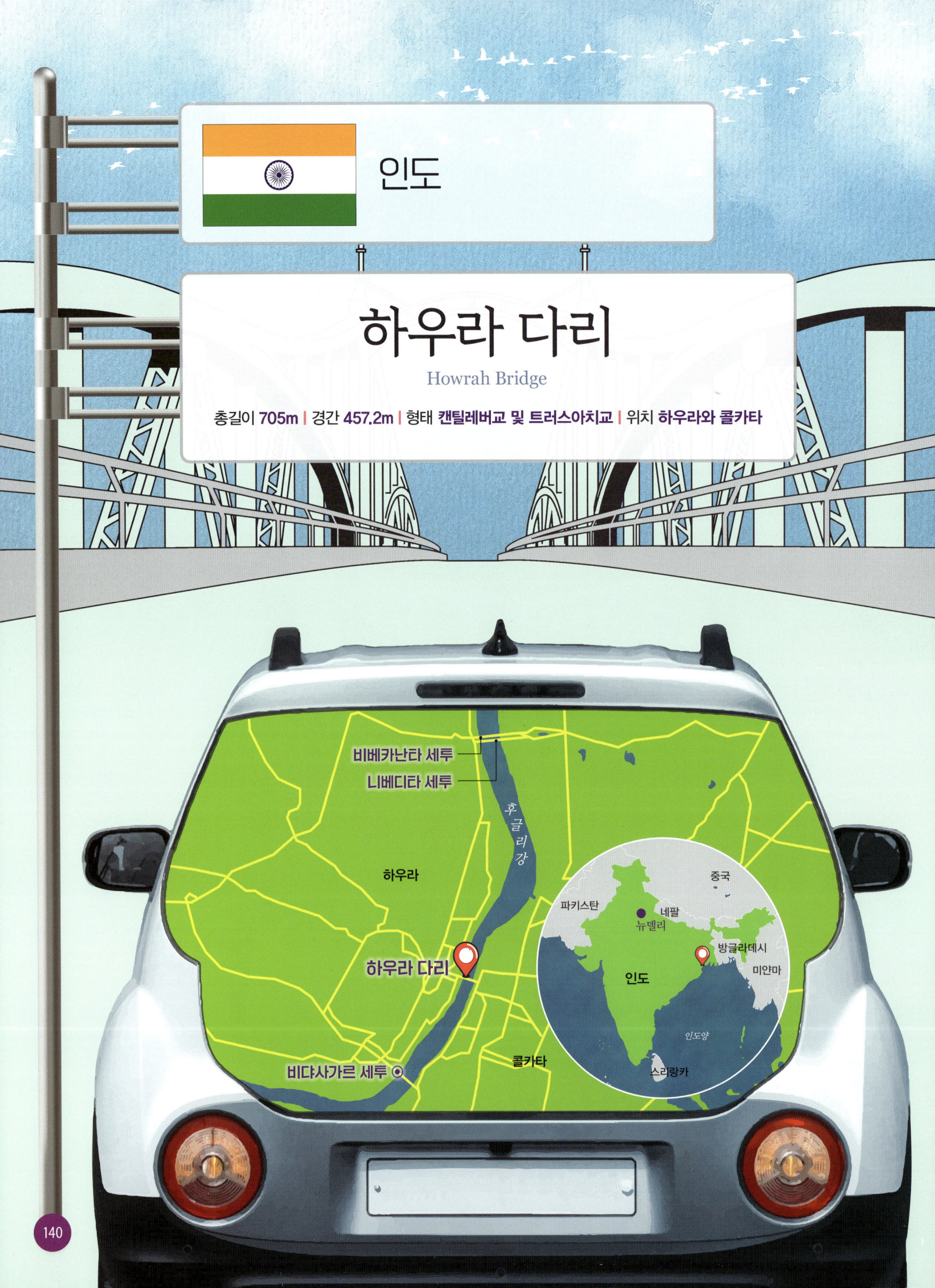

다리 앞쪽에 보이는 지역이 콜카타시입니다.

후글리강을 가로지르는 캔틸레버(외팔보)교입니다. 1943년에 건설했으며, 원래 이름은 뉴 하우라 다리(New Howrah Bridge)입니다. 이 다리가 하우라와 콜카타 두 도시를 연결하는 같은 위치의 부교(교각을 사용하지 않고 배나 뗏목 따위를 잇대어 매어 그 위에 널빤지를 깔아서 만든 다리)를 대체했기 때문입니다.

하우라는 인도 서부 벵골주의 콜카타('캘커타'의 옛 이름) 다음으로 큰 도시이자 콜카타의 쌍둥이 도시로 후글리강 맞은편에 있습니다. 콜카타와 서벵골로 가는 중요한 교통 관문이지요. 콜카타는 동부 인도의 주요 비즈니스, 상업 및 금융 중심지이자 북동 인도의 주요 항구로 인도에서 세 번째로 인구가 많은 대도시입니다. 인도의 문화 수도로 여겨지는 곳이기도 합니다.

다리 이름은 아시아 최초로 노벨상을 받은 벵골의 위대한 시인 라빈드라나트 타고르(Rabīndranāth Tagore, 1861~1941년)의 이름을 따서 1965년 6월 14일, 라빈드라 세투(Rabindra Setu)로 바꾸었습니다. 그러나 여전히 사람들은 이 다리를 하우라 다리로 부릅니다. 하우라 다리는 매일 약 10만 대의 차량과 15만 명 이상의 보행자가 이용하는 아주 복잡한 다리입니다. 캔틸레버교로는 현재 경간 길이가 세계에서 여섯 번째로 긴 다리이기도 하지요. 하우라 다리 외에 후글리강을 가로지르는 다리로는 비댜사가르 세투, 비베카난다 세투, 니베디타 세투 등이 있습니다.

▲ **비댜사가르 세투**(Vidyasagar Setu). 흔히 제2 후글리 다리(Second Hooghly Bridge)라고도 합니다. 총길이 822.96미터, 경간 457.2미터의 사장교이지요.

▼ **비베카난다 세투**(Vivekānanda Setu). 1930년 12월 28일에 개통했습니다. 콜카타 항구와 주변 지역 도로 및 철도를 연결하기 위해 세웠지요. 길이는 900미터로 총 9개의 경간이 있습니다. 하우라와 콜카타를 잇는, 두 번째로 오래된 다리입니다. 사진 왼쪽으로 나란히 놓인 사장교는 니베디타 세투(Nivedita Setu)입니다. 길이는 880미터로 비베카난다 세투 바로 옆에다 2007년에 건설했습니다.

▲ **BWSL**(Bandra-Worli Sea Link의 약자). 뭄바이 서쪽의 반드라와 남쪽의 워를리를 연결하는 다리입니다. 반드라는 고급의 해안 교외 지역이고, 워를리는 뭄바이의 네 반도 중 하나입니다. 이 다리로 인해 반드라와 워를리 사이의 이동 시간이 20~30분에서 10분으로 줄었다고 합니다. 바다에 건설한 인도 최초의 사장교(총길이 5,600미터)입니다. 다리 끝으로 멀리 보이는 곳이 워를리입니다.

▼ **움시앙 이층 뿌리 다리**(Umshiang Double-Decker Root Bridge). 인도에는 사람이 만든 다리가 아니라 '키우는 다리'가 있다고 합니다. 지구에서 가장 습한 곳인 인도 북동부의 체라푼지에 있는 다리인데, 부족민들은 인도고무나무(*Ficus elastica*)의 뿌리가 강을 건너 강 반대편 땅속으로 들어가도록 유도한다고 합니다. 길이 약 30미터 이상의 뿌리 다리가 역할을 하기 위해서는 10~15년이 걸리지만, 한꺼번에 50명을 지탱할 수 있을 만큼 강한 편입니다. 뿌리는 시간이 지나면서 계속 자라 더 튼튼해진다고 하며, 뿌리 다리 중에는 500년이 넘은 것도 있다고 합니다.

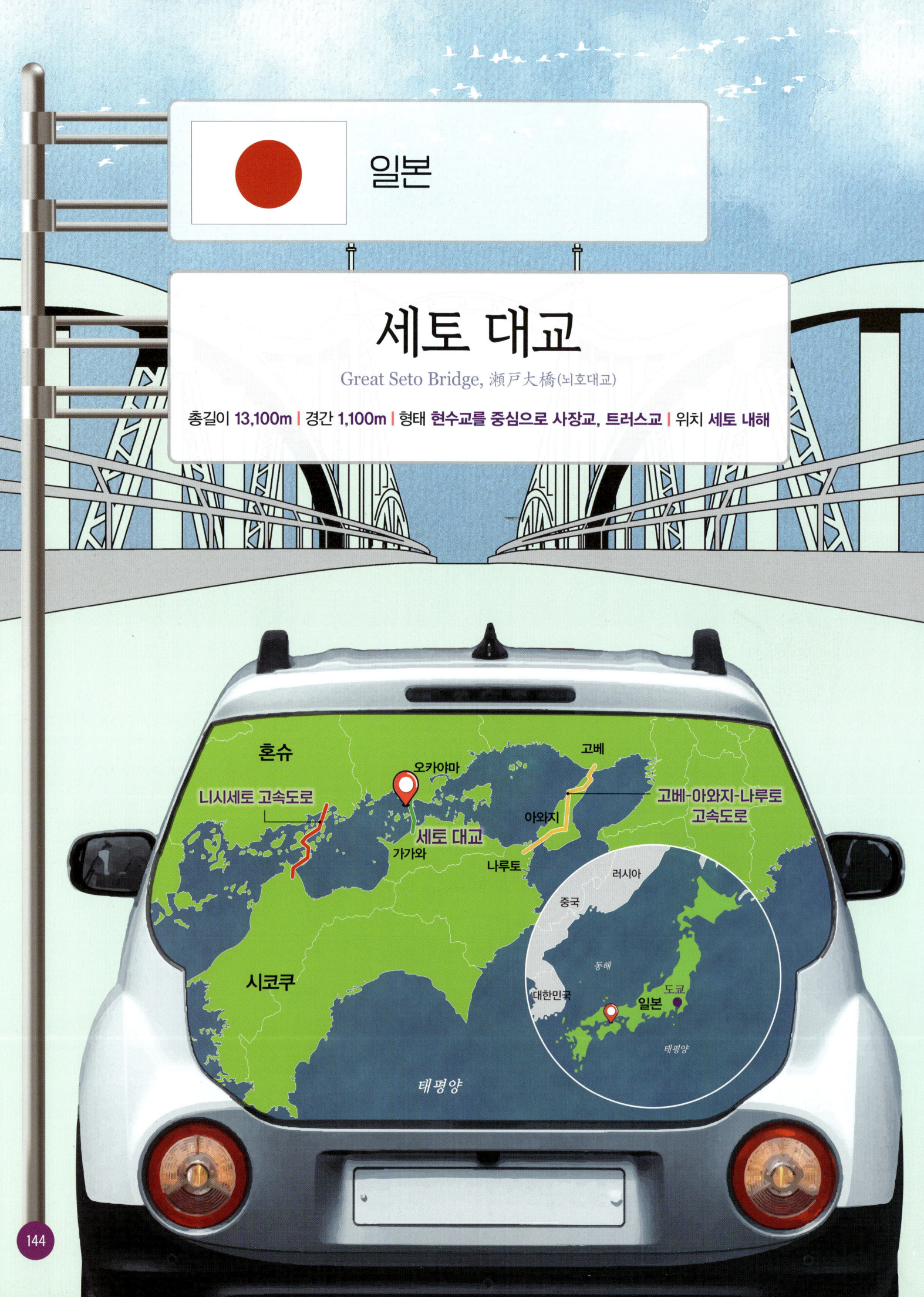

◀ 아래층의 철로 모습입니다. ▲ 사진 앞쪽이 혼슈입니다.

　　세토 대교는 세토 내해의 잇따른 5개 섬을 가로질러 일본의 오카야마현과 가가와현을 연결하는 2층 구조의 다리입니다. '세토(瀨戶, 뇌호)'란 일본어로 육지 사이를 흐르는 폭이 좁은 바다를 가리키는 말로 이 다리가 세워진 바다의 지형 특징을 보여 줍니다. 1978년에서 1988년 사이에 건설된 이 다리는 일본의 본토라고 할 수 있는 혼슈와 일본의 5개 주요 섬에 속하는 시코쿠를 연결하는 3개 노선 중 하나입니다. 기차가 운행하는 다리로는 유일하지요. 나머지 2개 노선은 고베-아와지-나루토 고속도로와 니시세토 고속도로입니다.

　　다리가 건설되기 전에는 고속선으로 이용하는 데 약 1시간이 걸렸으나 완공 후에는 자동차나 기차로 약 20분 소요됩니다. 다리의 위층으로는 고속도로를, 아래층으로는 철도를 운행하고 있습니다. 특히 아래층은 신칸센을 시코쿠까지 연장하기 위한 신칸센 선로를 추가로 설치할 수 있도록 설계했습니다. 세토 대교는 여러 섬을 하나의 교량으로 잇는 형태여서 구간별로 현수교, 사장교, 트러스교 형식이 모두 적용되어 있습니다. 총 10개의 다리로 구성되었고, 그중 몇 개의 다리는 따로 이름이 있습니다. 세계에서 가장 긴 2층 다리로도 유명합니다.

▲ 세토 대교는 바다를 건너는 6개의 해협부 다리와 4개의 고가 다리로 이루어져 있습니다. 사진 뒤쪽으로 보이는 지역이 혼슈입니다.

▶ 긴타이교(Kintai Bridge, 錦帶橋, 금대교). 야마구치현 이와쿠니시에 있는 역사적인 목조 아치교로 1922년에 국보로 지정되었습니다. 니시키강을 건널 수 있도록 1673년에 5개의 목조 아치로 지었습니다. 이 다리와 이와쿠니성을 포함하는 기코 공원은 봄의 벚꽃 축제와 가을 단풍놀이로 인기 있는 관광지입니다.

▼ 메가네 다리(Megane Bridge, 眼鏡橋, 안경교). 나카시마천을 건너는 다리로 1634년 나가사키시에 세워졌습니다. 일본에서 가장 오래된 석조 아치교 중 하나이며, 중요 문화재이기도 합니다. 물에 비치는 다리의 모습이 마치 안경을 닮아서 이런 이름이 붙었다고 합니다. 보행자 전용 다리입니다.

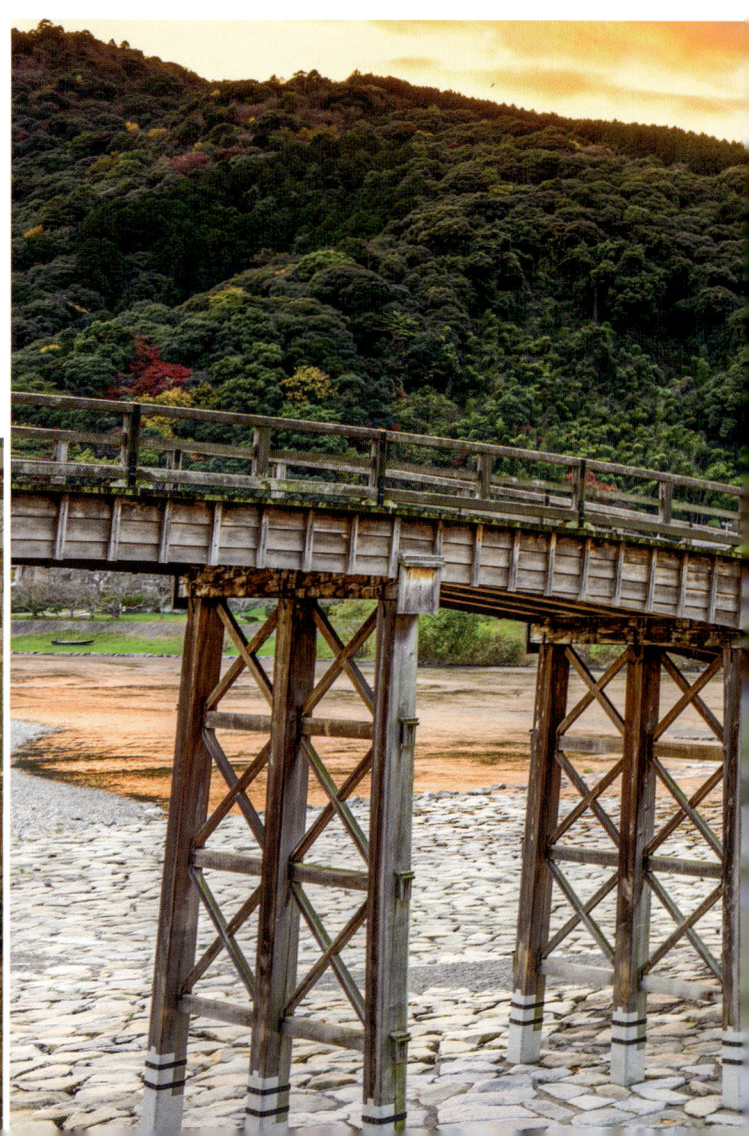

▲ **아카시 해협 대교**(Akashi Kaikyo Bridge). 일본 혼슈 고베시와 아와지섬의 아와지시를 연결하는 현수교로 아카시 해협을 건너는 총길이 3,909미터의 다리입니다. 1998년 완공 당시에는 경간이 1,991미터로 세계에서 가장 긴 현수교였으나 2022년 3월, 경간이 2,023미터인 튀르키예의 차나칼레 1915 다리가 개통되면서 그 지위를 넘겨주었습니다.

    후난성 북서쪽 장자제 국가 삼림 공원에 있는 다리로 두 개의 협곡을 가로지르는 하늘을 걷는 다리입니다. 장자제 삼림 공원은 1982년 중국 최초로 국가 삼림 공원으로 인정받았습니다. 관광 명소가 된 장자제 유리 다리는 바닥이 유리로 되어 있어 투명합니다.

  2016년 개통 당시에는 지상에서의 높이 약 300미터, 길이 약 430미터로 세계에서 가장 높고 긴 유리 다리였습니다. 그렇지만 2022년 4월, 베트남 북서쪽 손라 지방에 632미터 박롱 유리 다리(Bach Long Glass Bridge, 백룡교)가 개통되면서 세계에서 제일 높이 있는 유리 다리라는 지위만 유지하고 있습니다.

  2016년 9월 2일, 개통한 지 불과 13일 만에 다리를 폐쇄했는데 그 이유는 한꺼번에 800명을 수용할 수 있도록 설계되었음에도 하루에 약 8만 명 이상의 방문객을 끌어들였기 때문입니다. 운영 방법을 개선해 2016년 9월 30일에 다리를 다시 개통했습니다.

장자제 유리 다리는 바닥이 99개의 투명 판유리로 되어 있어 300미터 아래의 경치를 감상할 수 있습니다. 다리의 유리는 망치로 내려치거나, 차량이 지나가도 문제없을 정도로 튼튼하고 안전하다고 합니다.

차오톈먼교(Chaotianmen Bridge, 朝天門長江大橋). 중국 충칭시의 양쯔강을 가로지르는 도로 및 철도이자 보행이 가능한 다리입니다. 2009년 4월 29일에 개통했으며, 경간이 552미터로 세계에서 가장 긴 아치교입니다. 중간 지지대에서 아치 상단까지의 높이는 142미터, 다리 총길이는 1,741미터입니다.

항저우만 대교(Hangzhou Bay Bridge, 杭州灣大橋). 항저우만을 가로지르는 다리로 항저우 대교라고도 합니다. 총길이 35,673미터(세계 14위), 경간 448미터의 사장교이고, 바다를 횡단하는 다리로는 세계에서도 손꼽히는 긴 다리입니다. 2008년에 개통한 이 다리 덕분에 400킬로미터에 이르는 닝보와 상하이 간 고속도로 이동 거리가 120킬로미터나 짧아졌으며, 이동 시간도 3시간 반에서 2시간으로 줄었다고 합니다.

▲ **정양교**(Chengyang Bridge, 程陽橋). 광시성 싼장현의 둥족 마을에 있는 길이 65미터의 다리로 사람들이 다리에서 바람과 비를 피할 수 있는 풍우교입니다. 정양풍우교라고도 하지요. 중국에서는 비바람이 많이 부는 지역이면 지붕이 있는 풍우교를 흔하게 볼 수 있는데, 청양교는 중국에서도 가장 유명한 풍우교로 꼽습니다. 1916년(또는 1912년)에 지었다고 하며, 주 재료는 돌과 나무로 이루어져 있고 못을 전혀 사용하지 않았다고 합니다. 1996년 유네스코 세계 문화유산에 올랐습니다.

▼ **옥대교**(Jade Belt Bridge, 玉帶橋). 중국 황실에서 여름에 이용하던 궁전인 베이징의 이화원에 있는 다리입니다. 옥대교란 '옥으로 만든 띠'를 의미하며, '낙타 다리', '달 다리' 등으로도 알려져 있습니다. 독특한 모양의 아치교로 유명한데, 다리 밑으로 황제의 배가 다닐 수 있도록 만들었다고 합니다.

쓰바사 대교(Tsubasa Bridge)라고도 하며, 캄보디아에서 메콩강을 가로지르는 가장 긴 교량입니다. 아시아 고속도로(1번)를 따라 타이(태국)에서 캄보디아, 베트남을 연결하는데 캄보디아의 수도 프놈펜과 베트남의 호찌민시, 캄보디아의 네아크로웅 마을과 칸달주를 연결합니다.

호찌민시는 베트남에서 가장 큰 도시로 오랫동안 사이공이라는 지명으로 불린 곳입니다. 1954~1976년에는 남베트남의 수도였고 1976년에 호찌민시로 이름이 바뀌었지요. 베트남 정치·경제의 중심지이자 상업의 중심지입니다. 칸달주는 수도 프놈펜에 이어 캄보디아에서 두 번째로 인구가 많은 곳으로 베트남과 맞닿아 있습니다.

캄퐁참 대나무 다리(Kampong Cham Bamboo Bridge). 캄보디아의 6대 도시 중 하나인 캄퐁참('참족의 항구'라는 뜻)에 있는 대나무 다리입니다. 우기 때면 무너져 내려서 매년 건기 때마다 새로 짓는데, 자동차가 다닐 수 있을 정도로 튼튼하다고 합니다. 메콩강 중앙에 있는 캄퐁참의 명소인 모래섬(코파엔, koh paen)을 이어 줍니다.

스페안 프랍토스(Spean Praptos). 길이 87미터의 이 코벨(Corbel) 아치교는 12세기에 지어진 다리로 앙코르에서 프놈펜으로 가는 길에 있습니다. 세계에서 가장 긴 코벨 석조 아치교로 꼽히는데, 코벨 아치교는 일반적인 아치교와 비교해서 '거짓' 또는 '잘못된' 아치교라고 합니다. 곡선을 따라 힘을 아래로 분산하는 아치교에 비해 코벨 아치교는 돌로 아치의 윗부분을 수평으로 쌓아서 힘을 제대로 분산하지 못해 벽이 두꺼워지고, 다른 석재도 필요하기 때문입니다.

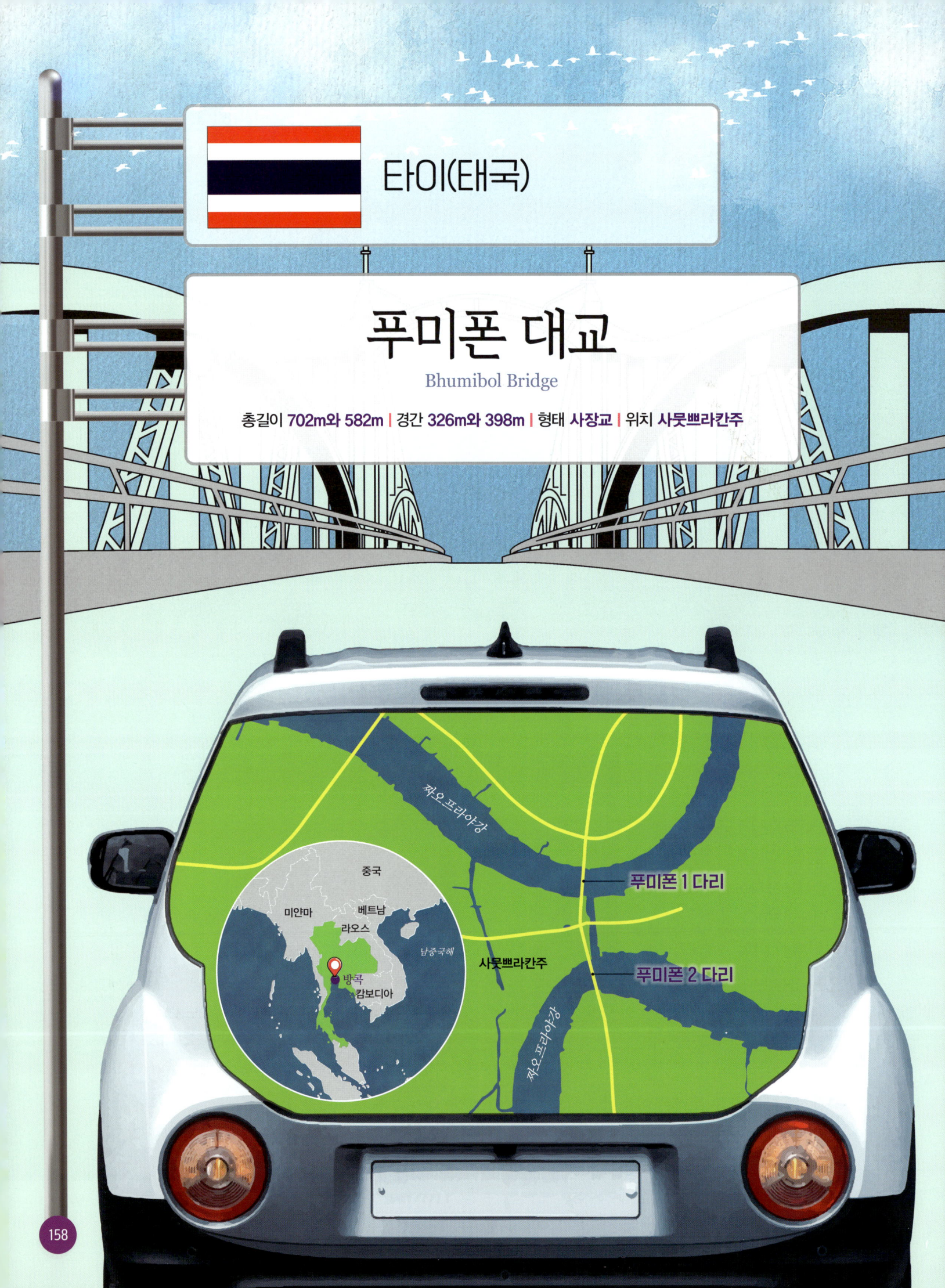

맨 앞쪽이 푸미폰 1 다리이고, 인터체인지를 지나 그 뒤쪽으로 보이는 것이 푸미폰 2 다리입니다. 오른쪽 지역이 방콕입니다.

푸미폰 대교는 산업 순환 도로 다리(Industrial Ring Road Bridge)라고도 하며, 길이는 13킬로미터입니다. 방콕 남부와 수도권 일부인 사뭇쁘라칸주를 연결하지요. 길이 702미터와 582미터의 사장교 두 개로 이루어졌는데, 짜오프라야강을 두 번 가로지릅니다. 이 두 다리는 각각 173미터와 164미터의 높이의 다이아몬드 모양 주탑 두 개로 지지됩니다.

짜오프라야강은 타이의 주요 강으로 방콕을 거쳐 태국만으로 흐릅니다. 두 다리가 만나는 곳에는 인터체인지(IC, interchange, 나들목)를 두었습니다. 인터체인지란 도로의 교차 지점을 입체적으로 만들어 신호 없이 다닐 수 있도록 한 시설이며, 길이 여러 갈래로 갈라지기 시작하는 고속도로 분기점은 제이시(JC, junction, 갈림목 또는 이음목)라고 합니다. 다리는 타이의 아홉 번째 국왕인 푸미폰 아둔야뎃(Bhumibol Adulyadej, 1927~2016년)이 방콕과 주변 지역의 교통 문제를 해결하기 위해 방콕 산업 순환 도로의 한 구간으로 계획한 다리로 2006년에 개통했습니다.

전통적으로 방콕의 짜오프라야강에 있는 모든 다리의 이름은 왕족의 이름에서 땄습니다. 2009년 10월, 두 다리 모두 푸미폰 아둔야뎃 왕의 이름을 딸 것이라는 발표가 있었고 공식적으로는 '푸미폰 1 다리(Bhumibol 1 Bridge)'와 '푸미폰 2 다리(Bhumibol 2 Bridge)'로 부릅니다. 비공식 명칭인 '메가 다리(Mega Bridge)'도 널리 사용되고 있습니다.

기념 다리(Memorial Bridge). 짜오프라야강을 건너는 다리입니다. 라마 7세인 쁘라자디뽁(Prajadhipok, 1893~1941년) 왕이 1932년 6월 24일, 짜끄리(Chakri) 왕조와 방콕 건립 150주년을 기념하기 위해 개통했습니다. 제2차 세계 대전 중인 1944년에 파괴되었으나 1949년에 다시 세웠습니다.

콰이강 다리(River Kwai Bridge). 제2차 세계 대전 당시 일본이 군대와 무기를 실어 나르기 위해 타이(태국)의 방콕과 버마(지금의 미얀마)의 랑군 사이에 철도를 놓았는데, 이 철도가 콰이강을 건널 수 있도록 놓은 것이 콰이강 다리입니다. 사실 '콰이강 다리'라는 이름은 영화〈콰이강의 다리〉로 널리 알려졌습니다. 1960년대까지 다리 밑을 흐르는 강의 이름은 '매글룽'이었으나 영화의 유명세에 따라 쾌야이강(Khwae Yai River)으로 바꿨다고 합니다. 이 다리를 지나는 철도를 만들 때 일본이 동원한 포로들이 많이 죽었기 때문에 '죽음의 철도'라고도 부릅니다.

홍콩-주하이-마카오 대교는 3개의 사장교, 해저 터널 및 4개의 인공섬으로 이루어져 있습니다. 길이 55킬로미터로 세계에서 가장 긴 교량-터널(bridge-tunnel) 해상 횡단 구조물이지요. 이름대로 이 다리는 홍콩, 주하이, 마카오 세 도시를 연결합니다. 홍콩은 중국 본토와 체제가 다른 도시이고, 주하이는 중국에서 손꼽히는 관광지이자 가장 살기 좋은 곳으로 알려진 도시 그리고 마카오는 홍콩과 같은 특별 행정구에 속한 도시입니다. 2018년 2월 6일에 완공했는데, 시진핑 중국 국가주석 취임 하루 전인 2018년 10월 24일 일반에 공개했습니다.

다리는 주강 하구 중앙의 중심 다리가 29.6킬로미터, 홍콩 연결 도로가 12킬로미터, 주하이 연결 도로가 13.4킬로미터입니다. 이 다리로 주하이와 홍콩 사이의 이동 시간이 약 4시간에서 30분으로 크게 줄었다고 합니다. 120년 동안 쓸 수 있도록 설계한 다리라고도 합니다.

▼ 길이 끊긴 듯이 보이는 지점부터 해저 터널로 연결됩니다.

▼ 해저 터널을 들고나는 지점인 인공섬 모습입니다.

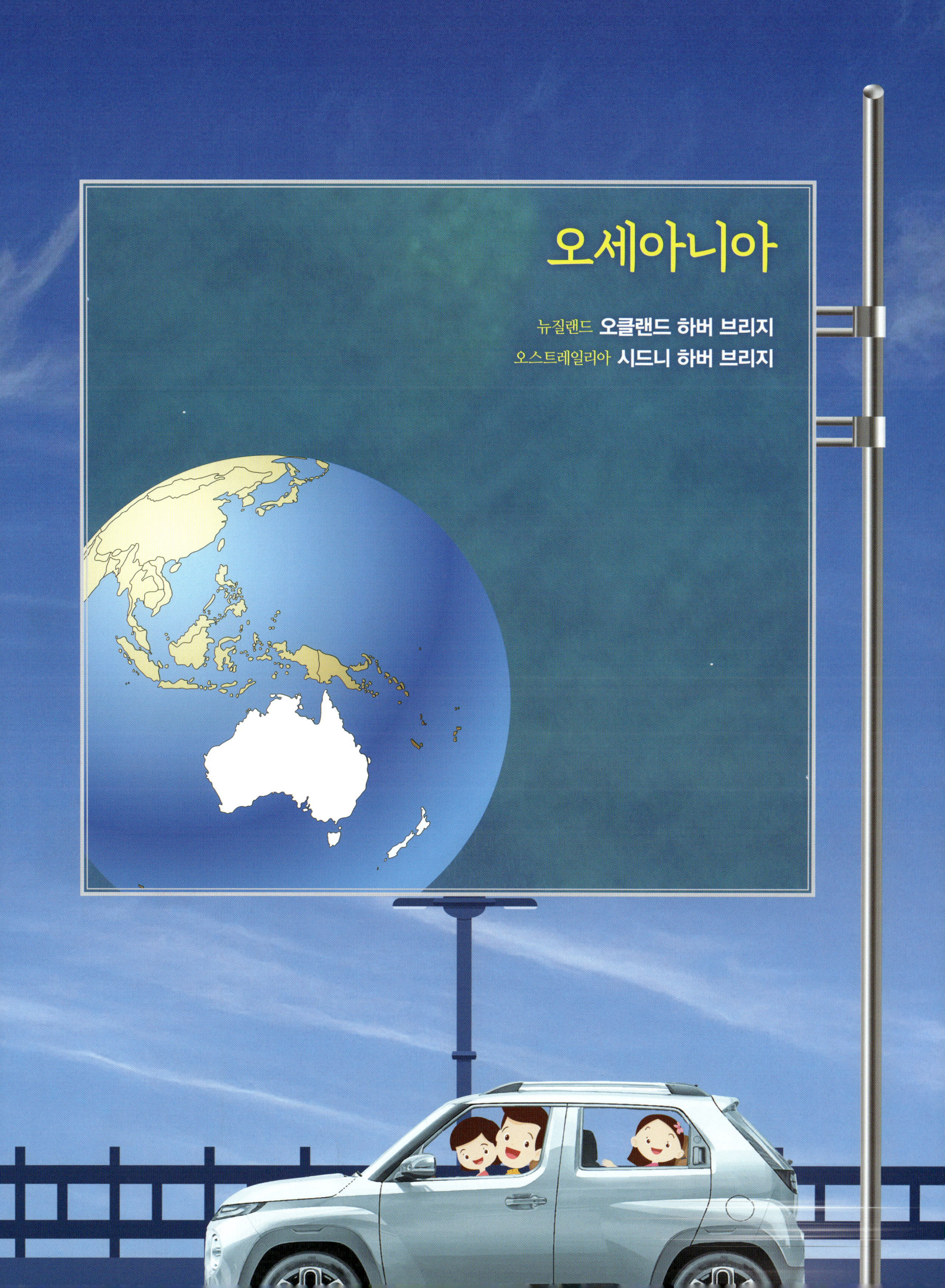

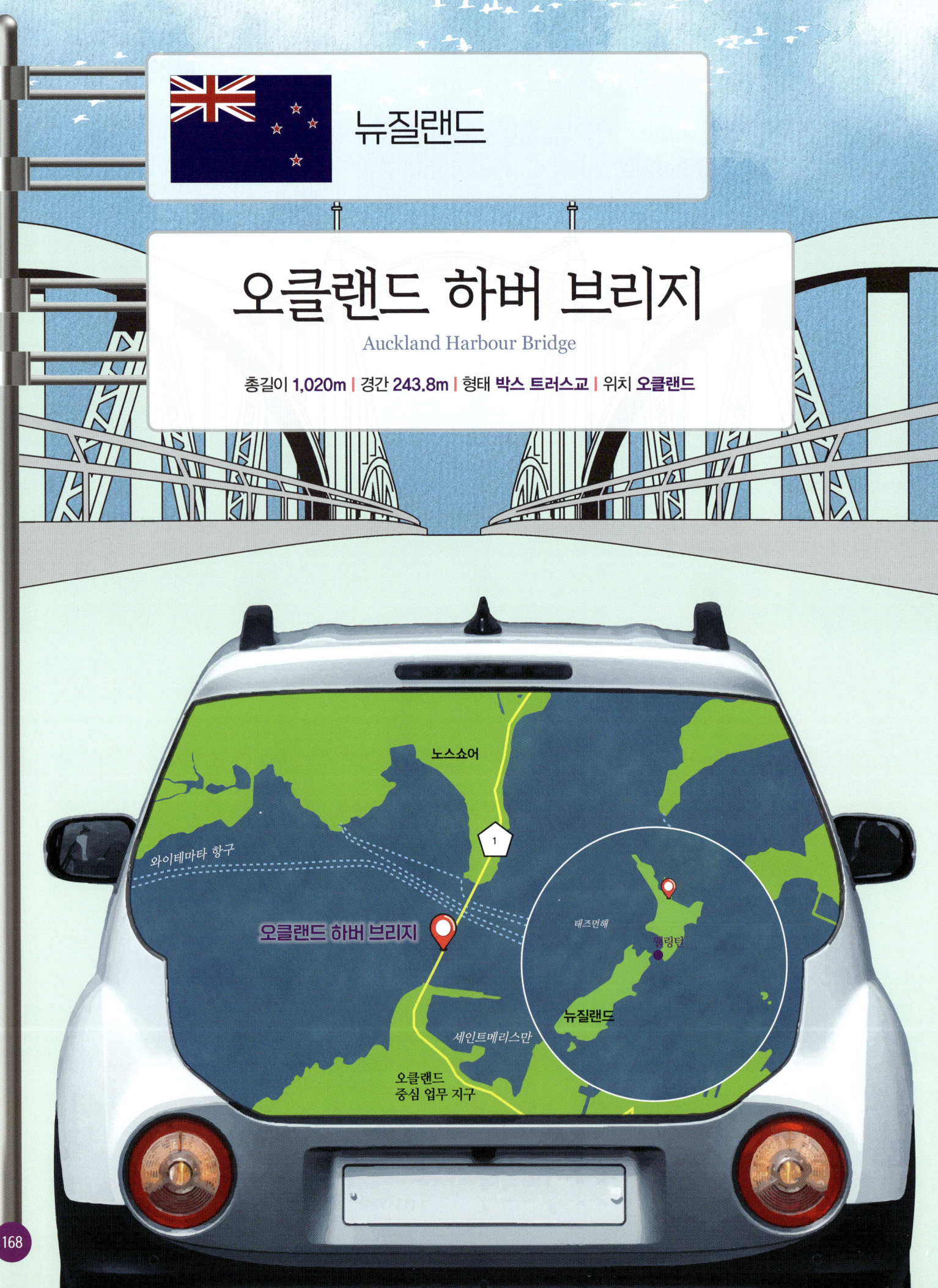

오클랜드 하버 브리지를 우리말로 풀어 쓰면 '오클랜드 항구 다리'입니다. 오클랜드의 와이테마타 항구를 가로지르는 8차선 고속도로 다리이지요. 와이테마타 항구는 바다를 통해 오클랜드로 가는 주요 통로인데, 오클랜드 항구라고 부르기도 합니다. 뉴질랜드에서 가장 큰 도시인 오클랜드는 1865년에 수도가 오클랜드에서 웰링턴으로 바뀐 뒤에도 항구와 배후 지역의 벌목 및 금광 활동으로 번영했으며, 나중에는 주변 지역의 목축업(특히 낙농업)으로 계속 발전했습니다. 오늘날 오클랜드의 중심 업무 지구(Central Business District, CBD)는 뉴질랜드의 주요 경제 중심지이기도 합니다.

다리는 오클랜드시 쪽의 세인트메리스만과 노스쇼어 쪽의 노스코트를 연결하고, 뉴질랜드 1번 국도와 오클랜드 북부 고속도로로 이어집니다. 길이 1,756미터의 라카이아 다리(Rakaia Bridge) 다음으로 뉴질랜드에서 두 번째로 긴 도로 다리이지요. 오클랜드의 상징처럼 여겨지기도 하지만, 오스트레일리아의 시드니 하버 브리지를 모방했다는 비판도 많다고 합니다. 1959년에 개통했고, 교통량에 따라 차선 분리대를 이동해서 운영하고 있습니다.

▲다리 뒤로 멀리 보이는 쪽이 노스쇼어 방향입니다.

▶다리 아래쪽으로 다리를 지지하는 트러스 구조를 확인할 수 있습니다.

▼혼잡 시간에 대비해 이송기가 차선 분리대를 옮기고 있습니다.

▲ **모하카 고가교**(Mohaka Viaduct). 뉴질랜드 북섬의 동쪽 해안에 있는 모하카강을 가로지르는 철도 고가교입니다. 1930년에서 1937년 사이에 건설했습니다. 길이는 276.8미터이고, 높이는 95미터입니다.

▼ **발클루사 다리**(Balclutha Road Bridge). 뉴질랜드 남섬 동쪽 해안의 발클루사에 있는 클루사강을 가로지르는 다리입니다. 뉴질랜드 남섬의 이름난 도로 다리 중 하나로 클루사강은 북섬에 있는 와이카토강 다음으로 뉴질랜드에서 두 번째로 길고, 남섬에서는 제일 긴 강입니다. 다리는 클루사강을 건너는 수많은 다리가 있는데 '클루사 다리'로 많이 알려져 있습니다. 남섬의 주요 고속도로의 일부이며, 1933년에서 1935년 사이에 건설했습니다. 총길이는 244.1미터로 6개의 경간이 있습니다. 또 다른 다리인 발클루사 철교(Balclutha Rail Bridge)는 수백 미터 떨어진 하류 지점에 있습니다.

오스트레일리아(호주)

시드니 하버 브리지
Sydney Harbour Bridge

총길이 **1,149m** | 경간 **503m** | 형태 **아치교** | 위치 **시드니**

사진 왼쪽에 시드니 오페라 하우스와 그 위로 중심 업무 지구가 보입니다.

시드니는 금융과 제조, 관광 분야에서 뛰어난 성과를 보이고 있는 도시입니다. 외국 은행과 다국적 기업이 많이 진출해 있으며, 오스트레일리아의 금융 수도이자 아시아 태평양의 주요 금융 중심지 중 하나로 꼽힙니다. 시드니 하버 브리지는 시드니의 중심 업무 지구(Central Business District, CBD)와 시드니 북부 노스쇼어 사이의 철도, 차량, 자전거 및 보행자 교통을 책임지는 시드니 항구를 가로지르는 다리입니다. 중심 업무 지구는 시드니의 역사적인 상업 중심지로 유럽인들이 최초로 정착했던 시드니만 부근 지역에서 남쪽으로 약 3킬로미터 뻗어 있습니다. 다리와 항구 그리고 근처의 시드니 오페라 하우스 풍경은 시드니와 오스트레일리아 자체의 상징적인 이미지로 널리 알려져 있습니다.

1932년에 개통한 이 다리는 둥근 아치를 바탕으로 한 디자인 덕분에 '옷걸이'라는 별명이 붙었습니다. 세계에서 여덟 번째로 긴 경간 아치교이자 가장 높이 있는 철제 아치형 다리로 꼭대기에서 수면까지의 길이가 134미터에 이릅니다. 폭은 48.8미터로 세계에서 가장 넓은 다리였는데 2012년, 폭이 65미터인 캐나다 밴쿠버의 포트만 다리(Port Mann Bridge)가 세워지면서 그 지위를 넘겨주었습니다. 2007년에 오스트레일리아 정부는 시드니 하버 브리지를 국가 문화유산 목록에 추가했습니다.

▲ 시드니 하버 브리지를 공중에서 본 모습입니다.

▼ 다리에는 사람들이 걸어 다닐 수 있는 통로가 있습니다.

▲ 다리 난간 위를 걸으며 관광할 수 있습니다.

▼ **리치먼드 다리**(Richmond Bridge), 오스트레일리아에서 사용하는 가장 오래된 돌로 만든 다리입니다. 1823년에 공사를 시작해 1825년에 완성했다고 합니다. 역사적 가치를 인정받아 2005년 오스트레일리아 국가 문화유산 목록에 올랐습니다. 총길이 41미터, 폭 7.2미터입니다.

마타가루프 다리(Matagarup Bridge). 오스트레일리아 서쪽에서 제일 큰 도시인 퍼스의 스완강을 걸어서 건너는 다리입니다. 특히 퍼스 경기장(위 사진 오른쪽)과 그 주변을 이용하는 사람들이 이 다리를 통해 퍼스 중심 지구로 이동하지요. 다리 모양은 마치 두 마리의 백조 같아 보입니다. 2018년에 개통했습니다.

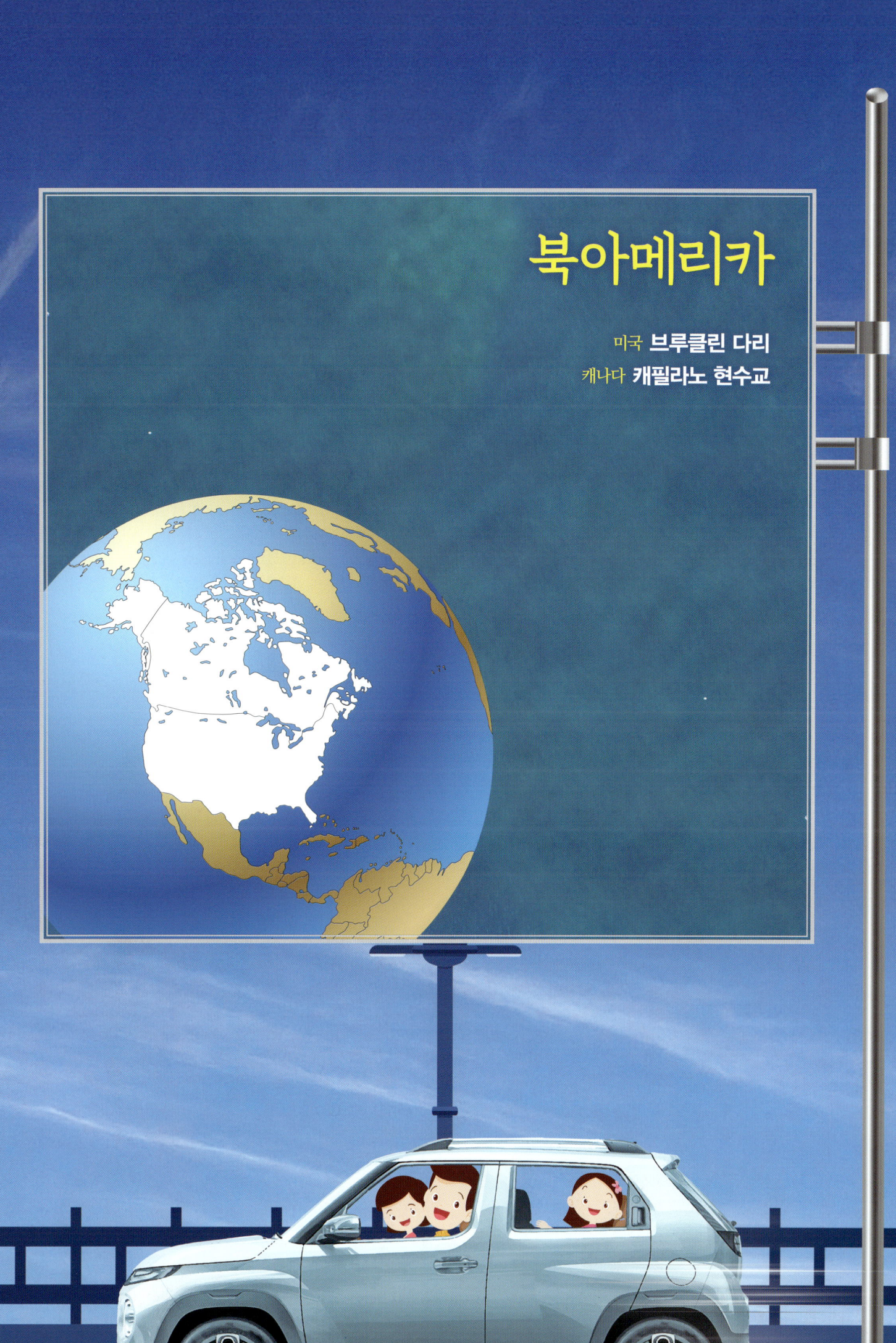

다리 뒤(맨해튼 방향)로 가장 높이 솟은 고층 건물은 세계 무역 센터 건물로 높이는 541.3미터에 94층이며, 2023년 1월 현재 세계에서 여섯 번째로 높은 건물입니다. 앞쪽에 유리 상자처럼 보이는 것은 제인 회전목마(Jane's Carousel)라는 놀이기구입니다. 1922년에 목제 회전목마로 만들었으며, 조각한 말 48개가 있습니다.

브루클린 다리는 맨해튼과 브루클린 자치구 사이의 이스트강을 가로지르는 뉴욕시의 다리입니다. 맨해튼은 뉴욕시의 5개 자치구(맨해튼, 브루클린, 퀸스, 브롱크스, 스태튼섬) 중 인구 밀도는 가장 높고 면적은 가장 좁은 지역인데 도시의 경제 및 행정 중심지, 역사적 발상지 역할을 합니다. 브루클린은 뉴욕시에서 가장 인구가 많은 자치구로서 로스앤젤레스와 시카고에 이어 미국에서 세 번째로 인구가 많습니다. 이스트강은 뉴욕시 남쪽 끝의 어퍼뉴욕만과 북쪽 끝의 롱아일랜드 해협을 연결합니다. 실제로 강이라기보다는 바닷물이 드나드는 곳이어서 총 26킬로미터에 걸쳐 항해할 수 있고, 오랫동안 도시에서 해양 활동의 중심지였습니다. 어퍼뉴욕만은 뉴욕 항구라고도 불리며, 롱아일랜드 해협은 북쪽으로 코네티컷주와 남쪽으로 뉴욕의 롱아일랜드 사이에 있습니다.

다리는 현수교와 사장교가 결합한 형태로 1883년 5월 24일에 개통했습니다. 이스트강 최초의 고정 교차로였고, 개통 당시 경간이 486.3미터로 세계에서 가장 긴 현수교였으나 지금은 100위 안에도 들지 못합니다. 원래 뉴욕 브루클린 다리(New York and Brooklyn Bridge) 또는 이스트강 다리(East River Bridge)라고 불렸는데, 1915년 공식적으로 브루클린 다리로 이름이 바뀌었습니다. 날로 심해지는 교통 체증을 완화하기 위해 이스트강을 가로질러 다리와 터널이 추가로 건설되었습니다. 다리가 점차 낡게 되자 1950년대, 1980년대, 2010년대를 포함해 여러 차례 손보아 고쳤습니다. 뉴욕시와 국립 역사 토목 공학의 상징물이기도 합니다.

▲ 브루클린 다리는 차로 옆으로 보행자 길이 따로 마련되어 있습니다.

▶ 앞쪽에 보이는 다리가 맨해튼 다리, 뒤쪽에 보이는 다리가 브루클린 다리 입니다.

▲ **헬게이트 다리**(Hell Gate Bridge). 헬게이트는 미국 뉴욕에 있는 이스트강의 좁은 해협인데, '헬게이트'란 이름은 유럽인 최초로 이 해협을 항해한 네덜란드 탐험가에 의해 네덜란드어(Hellegat)로 불린 것이 시작이라고 합니다. 이들이 붙인 이름은 '밝은 해협'이라는 뜻이지만, 해협 물살이 위험하기도 해서 지금의 영어 이름(Hell Gate, 지옥문)으로 굳어졌다고 합니다. 영국의 타인 브리지(Tyne Bridge)와 오스트레일리아의 시드니 하버 브리지(Sydney Harbour Bridge) 형태는 이 다리에서 비롯되었습니다.

▼ **코즈웨이 대교**(Lake Ponchatrain Causeway). 미국 루이지애나주 남동부의 폰차트레인호를 가로지르는 쌍둥이 평행 다리입니다. 1969년에 개통했으며, 두 다리 중 더 긴 다리는 38.4킬로미터로 물 위를 연속으로 가로지르는, 세계에서 가장 긴 형교입니다. 개별 경간이 17미터로 알려졌고 9,500개의 콘크리트 말뚝으로 지지됩니다.

금문교(Golden Gate Bridge). 골든게이트를 가로지르는 현수교로 총길이 2,737미터, 경간 1,280미터입니다. 골든게이트는 샌프란시스코만과 태평양을 연결하는 북미 서부 해안의 해협으로 캘리포니아의 샌프란시스코를 마린카운티와 연결하지요. 캘리포니아주 북부에 있는 샌프란시스코는 문화, 상업 및 금융 중심지로 미국에서 17번째로 인구가 많은 도시입니다. 마린카운티는 캘리포니아주 북서부에 있으며, 캘리포니아 수도권 지역이라고 할 수 있습니다. 다리가 세워지기 전에 샌프란시스코와 마린카운티를 잇는 가장 짧은 경로는 배를 이용하는 것이었기에 많은 사람의 요구로 1937년에 이 다리를 개통했습니다. 다리 아래로 보이는 건물은 포트 포인트(Fort Point)라는 석조 해안 요새입니다. 미국 남북전쟁 직전에 미 육군이 적의 전함들로부터 샌프란시스코만을 방어하기 위해 지었습니다. 다리 오른쪽이 마린카운티 방향입니다.

빅스비 다리(Bixby Bridge). 해안선이 아름답기로 유명한 캘리포니아 빅서 해안에 있는 다리입니다. 1932년에 개통했으며, 빅스비 크리크 다리(Bixby Creek Bridge), 빅스비 협곡 다리(Bixby Canyon Bridge)로도 알려져 있습니다. 미국 서부 해안의 1번 고속도로 구간 중 하나로 인공 건축물과 자연 풍광의 조화가 매우 뛰어나 캘리포니아에서도 사진이 아주 많이 찍히는 지역이지요. 다리의 기둥을 콘크리트로 만들었는데, 이는 자재 비용뿐 아니라 해안이라는 지리적 조건으로 인해 녹이 발생할 때 이에 대한 유지 보수 비용을 줄이고 지역의 자연적인 암벽 모습을 반영하기 위해서였다고 합니다.

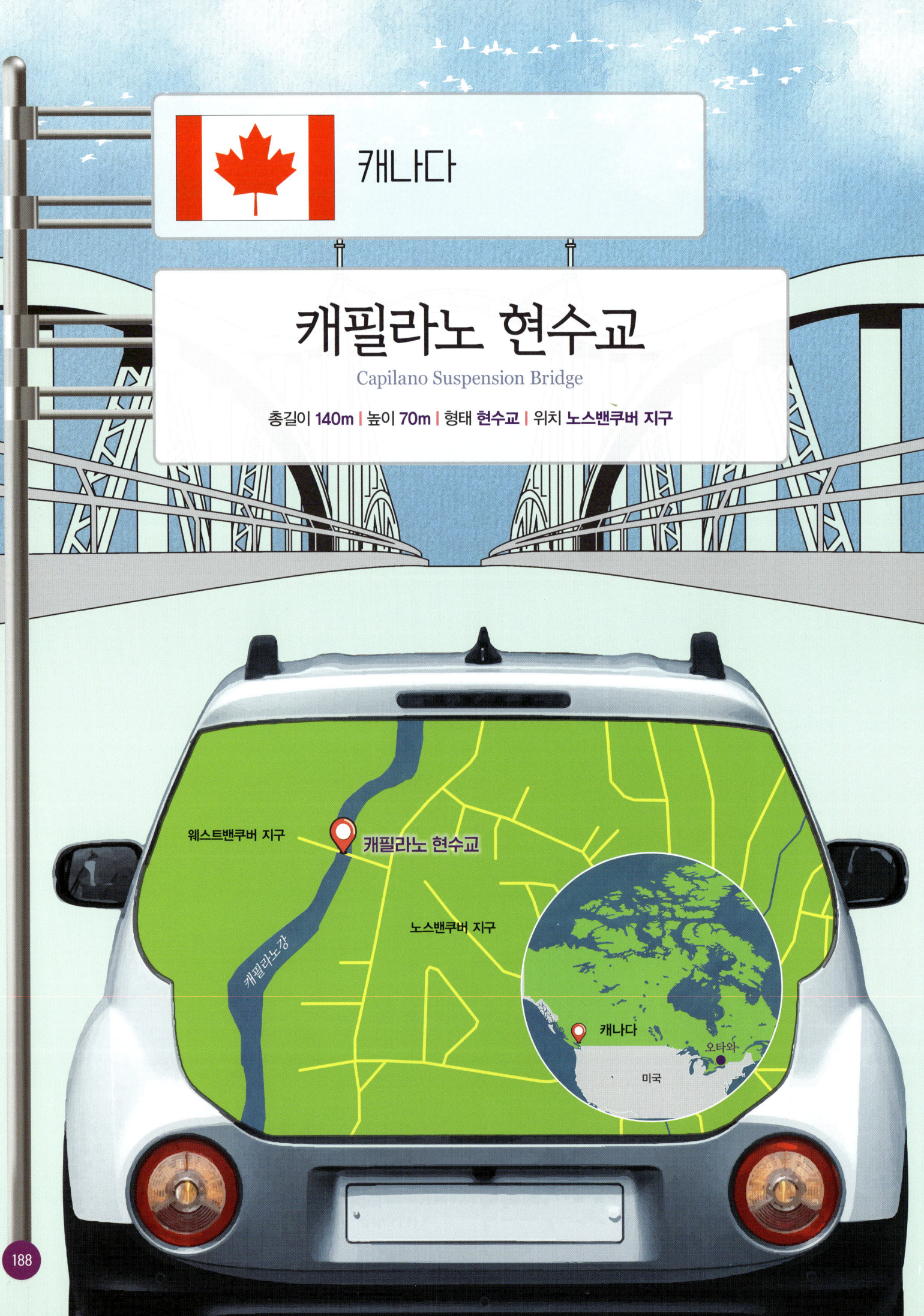

▶ 새로 만든 절벽 산책길(Cliffwalk)입니다.

노스밴쿠버 지구의 캐필라노강을 건너는 단순한 현수교입니다. 입장료가 있는 사설 공원에 속해 있으며, 연간 120만 명이 넘는 방문객이 다녀갑니다. 노스밴쿠버는 캐나다 남서쪽 끝의 미국과 아주 인접한 지역이지요.

흔들다리인 이 캐필라노 현수교는 원래 1889년에 삼나무로 된 상판과 대마 줄로 만들었으나 1903년에 강철 철사를 여러 겹으로 합쳐 꼬아 만든 줄(와이어)로 교체했습니다. 1956년에 완전히 다시 만들었고, 2011년 6월에는 클리프워크(Cliffwalk)라는 새로운 명소를 공원에 추가했습니다. 관광객이 많이 찾는 곳이라서 사건 사고도 다양한데, 2019년 6월에는 우리나라 가수 'NCT127'이 이 다리에서 동영상을 찍었다고 합니다.

▲ 캐필라노 현수교는 어른 코끼리 75마리를 지탱할 수 있을 만큼 강하고 튼튼한 다리라고 합니다.

▼ **퀘벡 다리**(Quebec Bridge, 앞쪽). 세인트로렌스강 하류를 가로지르는 도로와 철도 및 보행자용 다리입니다. 강철 트러스 구조이고 길이 987미터, 너비 29미터, 높이 104미터입니다. 경간은 549미터로 캔틸레버교로는 길이가 세계에서 가장 깁니다. 뒤쪽에 보이는 다리는 피에르 라포르테 다리(Pierre Laporte Bridge)입니다. 원래 이름은 뉴 퀘벡 다리(New Quebec Bridge)였으나 1970년 10월, 테러 집단에 납치되어 살해당한 퀘벡 부총리를 기리기 위해 그의 이름으로 바꾸어 부르게 되었다고 합니다.

▲ **레스브리지 철교**(Lethbridge Viaduct). 하이 레벨 브리지(High Level Bridge)라는 이름으로 널리 알려져 있고, 1909년에 만들었습니다. 앨버타 남부의 올드만강을 가로지르는 이 다리는 캐나다뿐 아니라 세계에서도 가장 큰 철도 구조물이라고 할 수 있습니다. 총길이는 1,623미터이고, 강으로부터 높이 95.7미터 위에 있습니다.

▼ **알렉스 프레이저 다리**(Alex Fraser Bridge). 밴쿠버에 있는 리치먼드와 뉴웨스트민스터를 노스델타와 연결하는 다리(사장교)입니다. 다리 밑으로 프레이저강이 흐르는데, 다리 이름은 교통부 장관을 지낸 알렉스 프레이저(Alex Fraser)에서 따왔습니다.

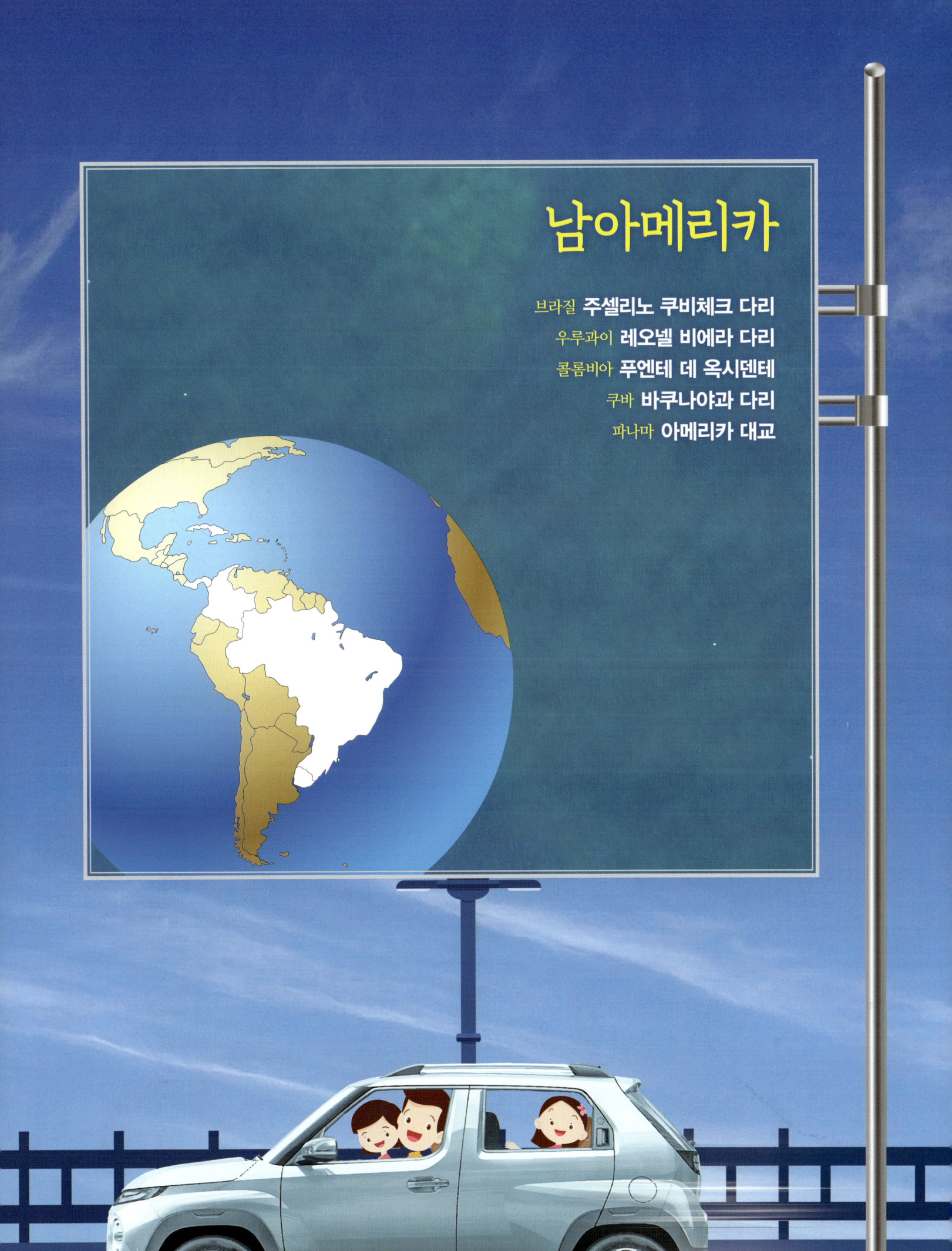

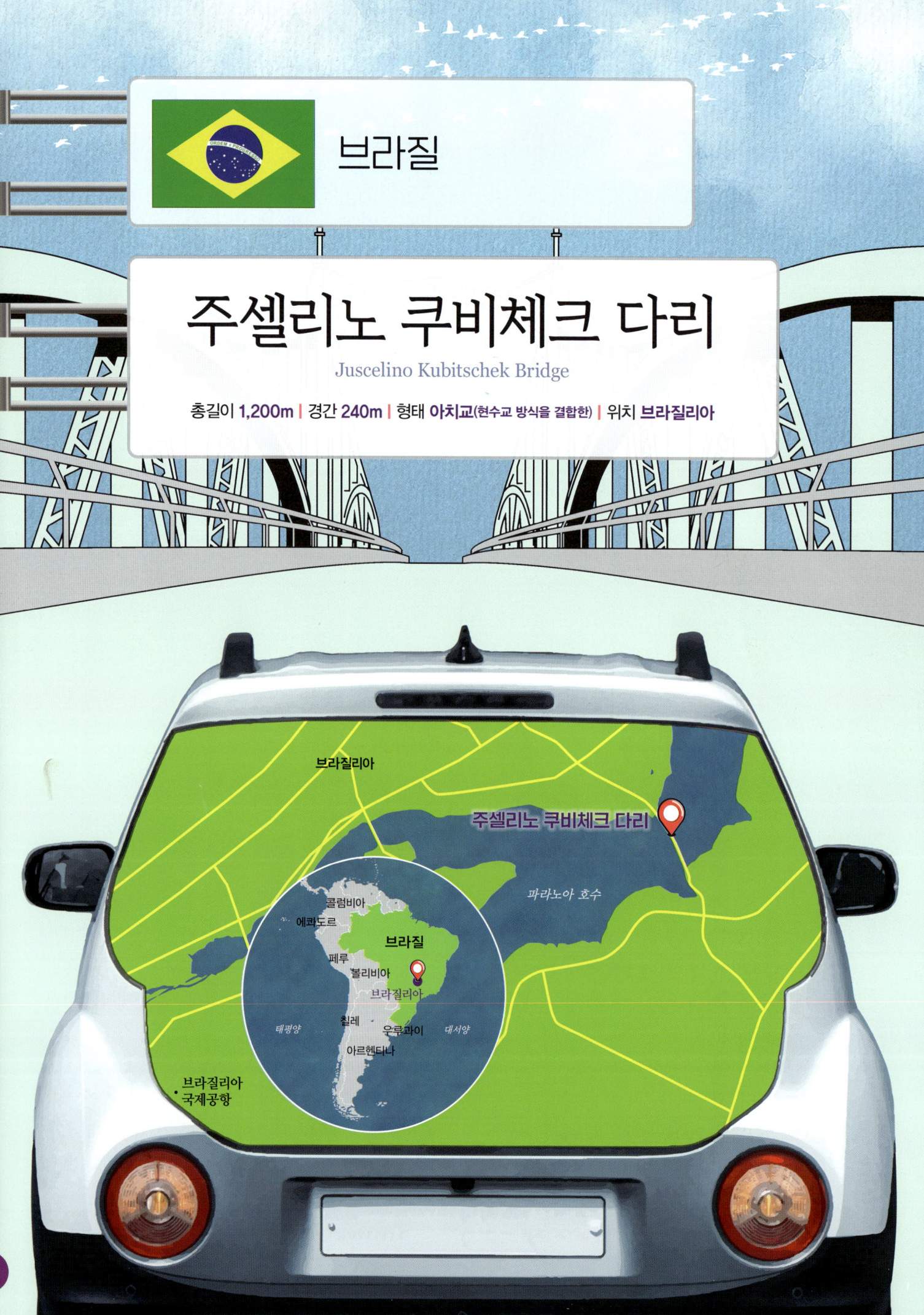

흔히 'JK 다리'라고 불리며, 브라질의 수도 브라질리아의 파라노아 호수를 가로지릅니다. 파라노아 호수는 둘레가 80킬로미터에 이르는 인공 호수인데, 도시를 건설하는 동안 파라노아강이 둑으로 막히면서 만들어졌지요. 다리는 호수의 동쪽, 바로 파라노아 및 브라질리아 국제공항이 있는 곳을 브라질리아의 도심과 이어 줍니다. 2002년 12월 15일에 개통했는데, 독특한 생김새로 브라질리아의 상징물이 되었습니다.

다리 이름은 1956년부터 1961년까지 재임한 대통령 주셀리노 쿠비체크(Juscelino Kubitschek, 1902~1976년)에서 따왔습니다. 다리에는 각 방향으로 3차선 차도가 있으며, 자전거와 보행자가 이용할 수 있는 길도 있습니다. 2003년 피츠버그에서 열린 국제 교량 회의에서 '환경과의 조화와 미적 가치를 보여 주는 최근의 뛰어난 업적'에 수여하는 구스타프 린덴탈 메달을 받았습니다. 구스타프 린덴탈(Gustav Lindenthal, 1850~1935년)은 미국 뉴욕의 헬게이트 다리(Hell Gate Bridge)를 설계한 이름난 토목 기술자였습니다.

▲ 주셀리노 쿠비체크 다리의 형태는 얄팍한 돌을 물 위로 튀기어 가도록 물수제비를 뜰 때 돌이 튀기는 모습을 나타낸 것이라고 합니다. 다리의 폭은 약 24미터에 이릅니다.

▶ 비대칭의 아치 기둥 사이로 보행로가 이어져 있습니다.

옥타비우 프리아스 올리베이라 다리
(Octavio Frias de Oliveira Bridge). '폰테 에스타이아다(Ponte Estaiada)'라는 이름으로 널리 알려진 다리입니다. 2008년에 만들었으며, 총 길이 1,600미터에 이르는 사장교입니다. 25킬로미터에 이르는 핀헤이루스강을 지나며, 상파울루에 있습니다. 다리 이름은 브라질의 미디어 사업가 이름을 따서 붙였습니다.

다리 건너편으로 멀리 보이는 쪽이 푼타델에스테 지역입니다.

푸엔테데라바라(Puente de la Barra) 또는 말도나도 다리(Maldonado Bridge)라는 이름으로도 알려진 다리입니다. 남부의 말도나도강을 가로질러 푼타델에스테와 휴양지 라바라(La Barra)를 연결하지요. 푼타델에스테는 대서양 연안의 도시이자 휴양지로 '남쪽의 모나코', '대서양의 진주'라 불리는 곳입니다. 우루과이의 상징물인 이 다리를 설계한 사람은 레오넬 비에라(Leonel Viera, 1913~1975년)로 건축이나 토목 공학에 대한 경험은 없었다고 합니다.

다리는 리본교의 일종인데, 리본교란 교각(교대)과 교각(교대)을 강철 케이블로 연결하고 상판에 응력(물체가 밖에서 가해지는 힘에 저항하여 본디 모양을 지키려는 힘)을 가한 콘크리트를 케이블에 채워 다리가 지나치게 휘거나 흔들리는 것을 줄인 현수교 형태의 다리입니다. 다리의 상판이 현수교의 주 케이블처럼 늘어져 보이지요. 독창적인 설계 덕분에 이후 비에라는 국제적인 명성을 얻었습니다. 1965년에 완성했고 2005년, 바로 옆에 똑같은 모양의 다리를 하나 더 만들면서 쌍둥이 다리가 되었습니다.

▲ 쌍둥이 다리가 된 레오넬 비에라 다리의 모습입니다.

▶ 사람들이 다리 근처 부두에서 낚시를 즐기고 있습니다.

라구나 가르손 다리(Laguna Garzón Bridge). 우루과이 남부 도시인 로차와 말도나도 사이의 해안 석호(만의 입구가 모래 등으로 막혀 바다와 분리되어 생긴 호수) 라구나 가르손을 가로지르는 다리입니다. 흔히 다리를 직선으로 만드는데 이 다리는 완전히 동그란 모양입니다. 다리를 건너는 차들이 속도를 줄여 이 지역에 사는 동물을 보호하고, 보행자들도 차도 옆에 있는 인도로 올라와 걸으면서 경치를 즐길 수 있게 하기 위해서이지요. 이 다리가 만들어지기 전에는 차량 2대를 운반하는 작은 배에 의존해 호수를 건넜으나 2015년 12월 다리가 개통된 이후로는 하루 최대 약 1,000대의 차량이 통행한다고 합니다.

◀ 다리에는 보행자를 위한 횡단보도도 있습니다.

푸엔테 데 옥시덴테는 '서쪽 다리(Bridge of the West)'라는 뜻으로 콜롬비아 서부 안티오키아에 자리하고 있어 이런 이름이 붙었습니다. 안티오키아는 농업과 목축업뿐 아니라 콜롬비아에서 중공업이 가장 발달한 지역입니다. 다리는 965킬로미터의 카우카강 동서쪽에 있는 올라야와 산타페데안티오키아를 연결하는 현수교입니다.

올라야는 안티오키아주의 주도인 메데인시에서 100킬로미터 떨어진 곳으로 안티오키아에서 아주 오래된 지방 자치 단체 중 하나입니다. 산타페데안티오키아는 메데인에서 북쪽으로 약 58킬로미터 떨어져 있고, 중심 산업이 농업인데 주요 생산품은 커피, 옥수수, 콩입니다. 다리 가운데에 도로가 있으며, 양쪽에 보행자 통로가 있지요. 1978년 11월 26일 콜롬비아의 국립 기념물로 지정되었습니다. 브루클린 다리 건설에 참여했던 사람이 설계했기 때문에 다리 구조가 브루클린 다리와 비슷하다고 합니다.

▲ 푸엔테 데 옥시덴테의 총길이는 291미터이며, 2014년에 큰 규모의 복원 작업이 이루어졌습니다. 사진 왼쪽이 산타페데안티오키아 지역입니다.

1959년 9월에 개통한 다리로 쿠바 북부의 작은 마을 바쿠나야과에서 이름을 따왔습니다. 다리는 북부의 유무리 계곡과 플로리다 해협 사이의 해안 언덕을 통과하는 비아블랑카 고속도로의 한 구간이지요. 이 도로는 수도 아바나와 마탄사스주를 연결합니다.

마탄사스는 '다리의 도시'라고 불리는 곳입니다. 도시를 가로지르는 3개의 강 위에 17개의 다리가 있어서 '쿠바의 베니스'라고도 일컬어집니다. 바쿠나야과 다리는 계곡 바닥에서 110미터 높이에 있는데, 쿠바에서 가장 높은 이 다리를 쿠바인들은 쿠바 토목 공학의 7대 불가사의 중 하나로 이야기합니다.

파나마 운하를 가로질러 남아메리카와 북아메리카를 잇는 다리입니다. 파나마 국토는 누운 S자 모양으로 왼쪽이 태평양이고, 오른쪽이 대서양인데 파나마 위쪽 북아메리카에 있는 나라, 예를 들어 미국 서쪽에 있는 샌프란시스코에서 동쪽의 보스턴을 배로 간다고 했을 때 남아메리카 대륙까지 돌아서 가야 했으므로 이를 해결하기 위해 인공 수로인 파나마 운하를 만들었습니다. 파나마 국토를 터서 물길을 낸 것이지요.

그러나 이 물길로 도로가 끊어지고 육로 이용에도 불편이 따르자 파나마 운하 위를 지나는 다리를 만들게 되었고, 모두 3개의 다리를 놓았습니다. 아메리카 대교는 파나마 운하에 놓은 첫 번째 다리로 왼쪽, 곧 태평양 쪽에 가깝게 놓은 다리입니다. 1962년에 완공했으며, 자전거와 보행자도 이용이 가능합니다.

센테니얼 대교(Centennial Bridge). 아메리카 대교 이용이 늘어나면서 이를 보완하기 위해 아메리카 대교에서 북쪽으로 15킬로미터 떨어진 곳에 세운 두 번째 다리입니다. 2004년에 개통했고 총길이 1,052미터, 경간 420미터의 사장교입니다.

애틀랜틱 대교(Atlantic Bridge). 파나마 운하에 놓은 세 번째 다리입니다. 대서양을 뜻하는 이름대로 대서양 쪽에 건설한 다리이지요. 2019년에 완성했으며, 총길이 2,820미터, 경간 530미터의 사장교입니다. 아래 사진은 대서양에서 파나마 운하로 들어서는 화물선들로 이 배들은 파나마 운하를 통해 태평양으로 나갑니다.

찾아보기

가라비 고가교(Garabit Viaduct) 89
가르교(Pont du Gard) 88
가르동강(Gardon River) 88
갈라타 다리(Galata Bridge) 107
개성 119
거더교(Girder bridge) 5
게디미나스 타워(Gediminas' Tower) 47
게브제(Gebze)시 103
게이츠헤드 밀레니엄 다리(Gateshead Millenium Bridge) 67
게지라섬(Gezira Island) 19
경간(徑間, span) 4
고베-아와지-나루토 고속 도로(Kobe-Awaji-Naruto Expressway) 145
골든게이트(Golden Gate) 184
골든혼(Golden Horn) 107
곶(Cape, 케이프) 7
광안대교 115
교각(橋脚, pier) 4
교대(橋臺, abutment) 4
그라츠(Graz) 69
그레이트 잠베시(Great Zambesi) 21
금문교(Golden Gate Bridge) 184~185
기념 다리(Memorial Bridge) 160
기적의 수로교(Miraculous Aqueduct) 63
긴타이교(Kintai Bridge, 금대교) 146~147
까우룽(Cầu Rồng) 126
까우방(Cầu Vàng) 129

나크시에 자한 광장(Naqsh-e Jahan Square) 99
나헤강(Nahe River) 37
남해대교 7
네레트바강(Neretva River) 51
네르비온강(Nervion River) 59
네리스강(Neris River) 47
네무나스강(Nemunas River) 49
네아크로웅 대교(Neak Loeung Bridge) 154~155
네이처스밸리(Nature's Valley) 13
노르망디교(Pont de Normandie) 86~87
노르트베벨란트(Noord-Beveland)섬 29
노스델타(North Delta) 191
노스밴쿠버 지구(District of North Vancouver) 189
노스쇼어(North Shore) 169
노스코트(Northcote) 169
녹색 다리(Green Bridge) 49
누루오스마니예 사원(Nuruosmaniye Mosque) 107
뉴 퀘벡 다리(New Quebec Bridge) 190
뉴 하우라 다리(New Howrah Bridge) 141
뉴마스강(New Maas River) 27
뉴욕 브루클린 다리(New York and Brooklyn Bridge) 181
뉴욕(New York)시 181
뉴웨스트민스터(New Westminster) 191
니베디타 세투(Nivedita Setu) 141
니스(Nice) 85
니시세토 고속 도로(Nishiseto Expressway) 145

다낭(Da Nang) 127
다뉴브강(Danube River) 43
다르다넬스(Dardanelles) 해협 105
다마반드(Damavand) 99
다운타운 코어(Downtown Core) 135
대동교 120~121
대서양 도로(Atlantic Ocean Road) 31, 32
덱(deck) 4
도개교 27
도나우강(Donau River) 43, 45
도브루자(Dobruja) 43
두르비강(Dourbie River) 85
두바이(Dubai) 95
드리나강(Drina River) 53

라구나 가르손 다리(Laguna Garzón Bridge) 201
라바라(La Barra) 199
라스아레나스(Las Arenas) 59
라우마강(Rauma River) 33
라이온스 헤드(Lions Head) 15
라자 이스테리 펭기란 아낙 하자 살레하 다리(Raja Isteri Pengiran Anak Hajah Saleha Bridge) 131
라지비에(Radziwie) 83
라카이아 다리(Rakaia Bridge) 169
라코츠 다리(Rakotzbrücke) 36
랑카위 하늘 다리(Langkawi Sky Bridge) 122~124
램버스 다리(Lambeth Bridge) 65
런던 타워(Tower of London) 66
런던 아이(London Eye) 65
레스브리지 철교(Lethbridge Viaduct) 191
레오넬 비에라 다리(Leonel Viera Bridge) 198~200
로마 광장(Piazzale Roma) 75
로이스강(Reuss River) 57
로차(Rocha) 201
로테(Rotte) 27
로테르담(Rotterdam) 27, 29
롬스달(Romsdal)반도 31
롬스달렌(Romsdalen) 33
롱아일랜드 해협(Long Island Sound) 181
루스키 다리(Russky Bridge) 7
루체른(Lucerne)시 57
르아브르(Le Havre) 86
리본교 199

리빙스턴, 데이비드(David Livingstone) 21
리치먼드 다리(Richmond Bridge) 175
린덴탈, 구스타프(Gustav Lindenthal) 195

마그데부르크 운하교(Magdeburg Water Bridge) 34~35
마르세유(Marseille) 85
마리나만(Marina Bay) 135
마린카운티(Marin County) 184
마슈하드(Mashhad) 99
마와파네프강(Mała Panew River) 83
마타가루프 다리(Matagarup Bridge) 176~177
마탄사스(Matanzas)주 207
만(Bay 또는 Gulf) 7
말도나도 다리(Maldonado Bridge) 199
매끌롱(Mae Klong) 161
맨해튼(Manhattan) 181
메가네 다리(Megane Bridge, 안경교) 146
메데인(Medellín)시 203
메이단 다리(Meydan Bridge) 95
메콩강(Mekong River) 155
메흐메드 파샤 소콜로비치 다리(Mehmed Paša Sokolović Bridge) 53
모다레스 고속 도로(Modarres Expressway) 101
모스타르 다리(Mostar Bridge) 51
모스타리(Mostari) 51
모시오아툰야(Mosi-oa-Tunya) 21
모코투프(Mokotów) 81
모하카 고가교(Mohaka Viaduct) 171
몽펠리에(Montpellier) 85
뫼레오그롬스달(Møre og Romsdal)주 31
무바라크 평화의 다리(Mubarak Peace Bridge) 17
무어강(Mur River) 69
무어인젤(Murinsel) 68~71
문테니아(Muntenia) 43
미마르 시난(Mimar Sinan) 53
미요 대교(Millau Viaduct) 84~85
미텔란트 운하(Mittelland Canal) 35
민다우가스 다리(Mindaugas Bridge) 46~48

바르샤바(Warsaw) 81
바베르(Wawer) 81
바사라브 고가 다리(Basarab Overpass) 44
바쿠나야과 다리(Bacunayagua Bridge) 206~207
바트크로이츠나흐(Bad Kreuznach) 37
박롱 유리 다리(Bach Long Glass Bridge) 128, 149
반다르스리브가완(Bandar Seri Begawan) 130
발보아(Balboa) 208
발클루사 다리(Balclutha Road Bridge) 171
발클루사 철교(Balclutha Rail Bridge) 171
백롱교(Bach Long Bridge) 128, 149
베르니나 철도 노선(Bernina Railway Line) 55
베지에(Béziers) 85

베키오 다리(Ponte Vecchio) 72~74
벨라루스(Belarus) 47
보교(Beam bridge, 빔교) 5
보르체아(Borcea) 지류 43
볼가강(Volga River) 43
볼쇼이 카메니 다리(Bolshoy Kamenny Bridge) 40
부교 141
부르사(Bursa) 103
부르즈 할리파(Burj Khalifa) 95
브라질리아(Brasilia) 195
브루나이강(Brunei River) 131
브루지오 나선형 고가교(Brusio spiral viaduct) 54~55
브루클린 다리(Brooklyn Bridge) 180~182
블루크란스 다리(Bloukrans Bridge) 12~15
블루크란스강(Bloukrans River) 13, 14
블타바강(Vltava River, 독일어 Moldau River) 77
비댜사가르 세투(Vidyasagar Setu) 141, 142
비더블유에스엘(BWSL, Bandra-Worli Sea Link의 약자) 143
비베카난다 세투(Vivekānanda Setu) 141, 142
비셰그라드(Višegrad) 53
비스카야 다리(Vizcaya Bridge) 58~61
비스툴라강(Vistula River) 81, 83
비아블랑카(Via Blanca) 207
비에라, 레오넬(Leonel Viera) 199
비타우타스 대교(Vytautas the Great Bridge) 49
빅벤(Big Ben) 65
빅서 해안(Big Sur coast) 186
빅스비 다리(Bixby Bridge) 186~187
빅토리아 폭포 다리(Victoria Falls Bridge) 20~23
빈(Wien, 영어 Vienna) 69
빌뉴스(Vilnius) 47
빌렘 3세(Willem III) 29
빌렘스 다리(Willemsbrug) 29
빌헬름스부르크(Wilhelmsburg)섬 37
쁘라자디뽁(Prajadhipok, 라마 7세) 160

사뭇쁘라깐(Samut Prakan)주 158
사장교(Cable-stayed bridge) 7
산시메오네피콜로 교회(Church of San Simeone Piccolo) 75
산업 순환 도로 다리(Industrial Ring Road Bridge) 159
산타트리니타 다리(Ponte Santa Trìnita) 73
산타페데안티오키아(Santa Fe de Antioquia) 203
서벵골(West Bengal) 141
상판(床版, deck) 141
서해대교 114
석호(Lagoon, 라군) 7
선죽교 118~119
성 니콜라스 교회(St. Nicholas Church) 78
성 비투스 대성당(St. Vitus Cathedral) 78
세번강(Severn River) 65
세베란 다리(Severan Bridge) 106

세인트로렌스강(Saint Lawrence River) 190
세인트메리스만(St Marys Bay) 169
세토 대교(Great Seto Bridge) 144~146
센강(Seine River) 86
센테니얼 대교(Centennial Bridge) 210
셰이크 자이드 다리(Sheikh Zayed Bridge) 92~94
수에즈 운하 다리(Suez Canal Bridge) 16~17
순천 선암사 승선교 116
술탄 압둘 할림 무앗잠 샤 대교(Sultan Abdul Halim Muadzam Shah Bridge) 125
술탄 하지 오마르 알리 사이푸디엔 다리(Sultan Haji Omar Ali Saifuddien Bridge) 132~133
숭가이 크분 다리(Sungai Kebun Bridge) 130~131
스완강(Swan River) 176
스타리 모스트(Stari Most) 50~52
스토르세이수네 다리(Storseisundet Bridge) 30~32
스페안 프랍토스(Spean Praptos) 157
스하우번다위벨란트(Schouwen-Duiveland)섬 29
시닉(Sincik) 106
시드니 하버 브리지(Sydney Harbour Bridge) 172~175
시드니만(Sydney Cove) 173
시에키에르코프스키 다리(Siekierkowski Bridge) 80~82
시오세 다리(Si-o-se-pol) 98~100
시월 육일 다리(6th October Bridge) 19
싱가포르강 다리(Singapore River Bridges) 135
싱가포르강(Singapore River) 135
쓰바사 대교(Tsubasa Bridge) 155

아디야만(Adıyaman) 106
아르노강(Arno River) 73
아메드 함디 터널(Ahmed Hamdi Tunnel) 17, 18
아메리카 대교(Bridge of the Americas) 208~209
아바나(Havana) 207
아베뢰위아(Averøya)섬 31
아부다비(Abu Dhabi) 93
아조프해(Sea of Azov) 39
아치교(Arch bridge) 6
아카시 해협 대교(Akashi Kaikyo Bridge) 147
안겔 살리그니 다리(Anghel Saligny Bridge) 42~43
안드리치, 이보(Ivo Andrić) 53
안티오키아(Antioquia)주 203
알라베르디 칸 운딜라제(Allahverdi Khan Undiladze) 99
알렉소타스(Aleksotas) 49
알렉스 프레이저 다리(Alex Fraser Bridge) 191
알살람 다리(Al Salam Bridge) 17
알살람 평화의 다리(Al Salam Peace Bridge) 17
알테 나헤브뤼케(Alte Nahebrücke) 37
알트슈타트(Altstadt) 69
암만(Amman) 97

압둔 다리(Abdoun Bridge) 96~97
압오아타시 공원(Ab-o-Atash Park) 101
애틀랜틱 대교(Atlantic Bridge) 211
앤더슨 다리(Anderson Bridge) 135, 136
얄로바(Yalova)주 103
어퍼뉴욕만(Upper New York Bay) 181
어퍼성(Upper Castle) 47
에겐베르크 궁전(Eggenberg Palace) 69
에라스뮈스 다리(Erasmusbrug, 영어 Erasmus Bridge) 26~28
에라스뮈스, 데시데리위스 (Desiderius Erasmus) 27
에르멜로(Ermelo) 13
에브로강(Ebro River) 62
에펠 다리(Eiffel Bridge) 45
에펠, 알렉상드르 귀스타브(Alexandre Gustave Eiffel) 45
엘긴 다리(Elgin Bridge) 134~135
엘리자베스 타워(Elizabeth Tower) 65
엘베강(Elbe River) 35
엘베-하벨 운하(Elbe-Havel Canal) 35
엘칸타라(El Qantara) 17
엘페르단 철도 다리(El Ferdan Railway Bridge) 17, 18
영종대교 111, 112
오스만 가지 대교(Osman Gazi Bridge) 102~103
오스테르스헬더 대교(Oosterscheldebrug) 29
오지멕 현수교(Ozimek Suspension Bridge) 83
오클랜드 하버 브리지(Auckland Harbour Bridge) 168~170
옥대교(Jade Belt Bridge) 153
옥타비우 프리아스 올리베이라 다리(Octavio Frias de Oliveira Bridge) 197
올드만강(Oldman River) 191
올라야(Olaya) 203
옹플뢰르(Honfleur) 86
와디 압둔(Wadi Abdoun) 97
와이카토강(Waikato River) 171
와이테마타 항구(Waitematā Harbour) 169
용교(Dragon Bridge) 126~128
운반교 59
운테렐베강(Unterelbe River) 37
움시앙 이층 뿌리 다리(Umshiang Double-Decker Root Bridge) 143
월출산 구름다리 117
웨스턴케이프(Western Cape)주 13, 15
웨스트민스터 다리(Westminster Bridge) 64~65
유무리(Yumurí) 207
유제프피우수트스키 대장 부대 다리(Legions of Marshal Józef Piłsudski Bridge) 83
응력 199
이순신대교 111, 113
이스탄불(Istanbul) 103
이스트강 다리(East River Bridge) 181
이스파한(Isfahan) 99
이즈미르(İzmir) 103
이즈미트만(Gulf of İzmit) 103
이화원(頤和園) 153
인천대교 110~112

자흐란 거리(Zahran Street) 97
자얀데루드(Zayanderud) 99
잠베지 다리(Zambezi Bridge) 21
잠베지강(Zambezi River) 21
장자제 국가 삼림 공원(Zhangjiajie National Forest Park) 149
장자제 유리 다리(Zhangjiajie Glass Bridge) 148~150
접착 철도(Adhesion railway) 55
정양교(Chengyang Bridge) 153
제2 후글리 다리(Second Hooghly Bridge) 142
제인 회전목마(Jane's Carousel) 181
제일란트 다리(Zeelandbrug, 영어 Zeeland Bridge) 27, 29
주셀리노 쿠비체크 다리(Juscelino Kubitschek Bridge) 194~196
지르무나이(Žirmūnai) 47
지보피스니 다리(Zhivopisny Bridge) 41

차나칼레 1915 다리(Çanakkale 1915 Bridge) 103, 104~105
차비나 다리(Chabina Bridge) 106
차오톈먼교(Chaotianmen Bridge) 151
창선-삼천포대교 116~117
채플 다리(Chapel Bridge) 57
체라푼지(Cherrapunji) 143
체르냐홉스키, 이반(Ivan Chernyakhovsky) 49
첼레비, 에블리야(Evliya Çelebi) 51

카라이아 다리(Ponte alla Carraia) 73
카를 4세(Karl IV) 77
카를교(Karlův most, 영어 Charles Bridge) 76~78
카베나 다리(Cavenagh Bridge) 135, 137
카우나스(Kaunas) 49
카우카강(Cauca River) 203
카타(Kâhta) 106
카펠교(Kapellbrücke) 57
칸달(Kandal)주 155
칼라트라바 다리(Ponte di Calatrava) 75
캄퐁아예르(Kampong Ayer) 131
캄퐁참 대나무 다리(Kampong Cham Bamboo Bridge) 156
캉탈(Cantal) 89
캐필라노 현수교(Capilano Suspension Bridge) 188~190
캐필라노강(Capilano River) 189
캔틸레버교(Cantilever bridge) 6
캠프스만(Camps Bay) 15
케다(Kedah)주 123
케르치 다리(Kerch Bridge) 39
케르치 해협 다리(Kerch Strait Bridge) 39
케이프타운(Cape Town) 13, 15

코벨 아치교(Corbel arch ridge) 157
코스티투치오네 다리(Ponte della Costituzione) 75
코즈웨이 대교(Lake Ponchatrain Causeway) 183
콜카타(Kolkata) 141
콰이강 다리(River Kwai Bridge) 161
쾰브란트 다리(Köhlbrand Bridge) 37
쿤스트하우스 그라츠(Kunsthaus Graz) 70
퀘벡 다리(Quebec Bridge) 190
퀘벡 다리(Quebec Bridge) 190
퀼링 다리(Kylling Bridge) 33
크롬라우(Kromlau)시 36
크림교(Crimean Bridge) 38~39
클루사 다리(Clutha Bridge) 171
클루사강(Clutha River) 171
클리프워크(Cliffwalk) 189

타른강(Tarn River) 85
타비아트 다리(Tabiat Bridge) 101
타워브리지(Tower Bridge) 66
타이드 아치교(Tied arch bridge) 6
타인 브리지(Tyne Bridge) 183
타인강(Tyne River) 67
탈레가니 공원(Taleghani Park) 101
테이블 마운틴(Table Mountain) 15
텔록 블랑가 힐 공원(Telok Blangah Hill Park) 138
템부롱 대교(Temburong Bridge) 132
템스강(Thames River) 65
트러스교(Truss bridge) 5
트로야 다리(Troja Bridge) 79
트뤼예르강(Truyère River) 89
트리프트 다리(Trift Bridge) 56
트리프트제(Triftsee) 호수 56
파나마 운하(Panama Canal) 209

파빌리온 다리(Bridge Pavilion) 62
팔라시오, 알베르토(Alberto Palacio) 59
퍼스(Perth) 176
페낭 두 번째 다리 E28(Penang Second Bridge E28) 125
페이버산 공원(Mount Faber Park) 138
평양 120
포르투갈레테(Portugalete) 59
포트 포인트(Fort Point) 184
포트만 다리(Port Mann Bridge) 173
폰차트레인호(Lake Pontchartrain) 183
폰테 에스타이아다(Ponte Estaiada) 197
폰테베키오(Ponte Vecchio) 73
푸미폰 1 다리(Bhumibol 1 Bridge) 159
푸미폰 2 다리(Bhumibol 2 Bridge) 159
푸미폰 대교 158~159
푸엔테 데 옥시덴테(Puente de Occidente) 202~205
푸엔테 콜간테(Puente Colgante) 59
푸엔테데라바라(Puente de la Barra) 199

푼타델에스테(Punta del Este) 199
풍우교 153
프놈펜(Phnom Penh) 155
프라하성(Prague Castle) 78
프레이저강(Fraser River) 191
프루트강(Prut River) 45
프워츠크(Płock) 83
피렌체(Firenze, 영어 Florence) 73
피에르 라포르테 다리(Pierre Laporte Bridge) 190
피오르(Fjord) 33
핀헤이루스강(Pinheiros River) 197

하디드, 자하(Zaha Hadid) 93
하르당에르 다리(Hardanger Bridge) 33
하사날 볼키아(Hassanal Bolkiah) 131
하우라 다리(Howrah Bridge) 140~141
하이 레벨 브리지(High Level Bridge) 191
한강(Song Han) 127
항저우만 대교(Hangzhou Bay Bridge) 152
헤이더, 로히어르 판테르(Rogier van der Heide) 94
헨더슨 웨이브 다리(Henderson Waves Bridge) 138
헬게이트 다리(Hell Gate Bridge) 183
현 아치교(Bowstring arch bridge) 6
현수교(Suspension bridge) 6
형교(Beam bridge) 5
호찌민(Ho Chi Minh)시 155
홀레쇼비체(Holešovice) 79
홍콩-주하이-마카오 대교(Hong Kong-Zhuhai-Macau Bridge, HZMB) 162~165
황금교(Golden Bridge) 129

사진 출처

4쪽 위 commons.wikimedia.org/ Storfix (CC BY-SA 3.0)
　　 아래 Shutterstock.com
5쪽 아래 Shutterstock.com
7쪽 아래, 13쪽, 14쪽 위 Shutterstock.com
14쪽 아래 Shutterstock.com/ LongJon
15쪽 위 Shutterstock.com
　　 아래 Shutterstock.com/ Grant Duncan-Smith
16쪽 Shutterstock.com/ Markeliz
18쪽 아래 commons.wikimedia.org/ Zehnfinger (CC BY-SA 3.0)
19쪽, 21쪽, 22쪽 Shutterstock.com
23쪽 위 Shutterstock.com/ meunierd
　　 아래 Shutterstock.com/ Abdelrahman Hassanein
27쪽 Shutterstock.com
28쪽 위 Shutterstock.com/ 365 Focus Photography
　　 가운데, 아래 Shutterstock.com
29쪽, 31쪽, 32쪽 Shutterstock.com
33쪽 아래 Shutterstock.com/ Arild Lilleboe
35쪽 위 Shutterstock.com
　　 아래 Shutterstock.com/ Oleg Senkov
36쪽 Shutterstock.com
37쪽 아래 Shutterstock.com/ Andreas Rose
39쪽 commons.wikimedia.org/ Rosavtodor.ru (CC BY 4.0)
40쪽, 41쪽, 43쪽 위 Shutterstock.com
43쪽 아래 Shutterstock.com/ artfotoxyz
44쪽 위 Shutterstock.com/ mikkeell
　　 아래 Shutterstock.com
45쪽 commons.wikimedia.org/ User:Andrei Anghelov (CC BY 3.0)
47쪽, 48쪽 Shutterstock.com
49쪽 위 왼쪽 en.wikipedia.org/ Barzdonas (CC BY-SA 3.0),
　　 위 오른쪽 commons.wikimedia.org/ Bernt Rostad (CC BY 2.0)
　　 아래 commons.wikimedia.org/ Kulmalukko (CC BY-SA 3.0)
51쪽 Shutterstock.com
52쪽 위 Shutterstock.com/ Aum Studio
　　 아래 Shutterstock.com/ paul prescott
53쪽 위 commons.wikimedia.org/ Branevgd (CC BY-SA 4.0)
　　 아래 Shutterstock.com/ Sirio Carnevalino
55쪽 왼쪽 Shutterstock.com
　　 오른쪽 Shutterstock.com/ YueStock
56쪽, 57쪽, 59쪽 Shutterstock.com
60쪽 Shutterstock.com/ Takashi Images
61쪽 Shutterstock.com
62쪽 위 Shutterstock.com/ albertolpzphoto
　　 가운데 Shutterstock.com/ nito
　　 아래 Shutterstock.com/ sinclair_JVZ
63, 65쪽, 66쪽, 67쪽 위 Shutterstock.com
67쪽 아래 Shutterstock.com/ Traceyaphotos2
69쪽, 70쪽 위 Shutterstock.com
70쪽 아래 Shutterstock.com/ Eleni Mavrandoni
71쪽 아래 Shutterstock.com/ Sergiy Palamarchuk
73쪽, 74쪽 Shutterstock.com
75쪽 위 Shutterstock.com/ Zsolt Biczo
　　 아래 Shutterstock.com/ Ihor Serdyukov
77쪽, 78쪽 위 Shutterstock.com
78쪽 아래 commons.wikimedia.org/ Chosovi (CC BY-SA 2.5)
79쪽 Shutterstock.com

81쪽 Shutterstock.com/ Gatteau
82쪽 위 Shutterstock.com
　　 아래 Shutterstock.com/ Fotokon
83쪽 위 commons.wikimedia.org/ Szymon439 (CC BY-SA 4.0)
　　 아래 commons.wikimedia.org/ Rommullus (CC BY-SA 4.0)
85쪽 위 Shutterstock.com/ Gaspar Janos
　　 아래 Shutterstock.com/ Joaquin Ossorio Castillo
86쪽, 87쪽 위 Shutterstock.com
87쪽 아래 Shutterstock.com/ makasana photo
88쪽 위 Shutterstock.com
　　 아래 왼쪽 Shutterstock.com/ Pierre Jean Durieu
　　 아래 오른쪽 Shutterstock.com
89쪽 위 Shutterstock.com
　　 아래 commons.wikimedia.org/ Celeda (CC BY-SA 4.0)
93쪽, 94쪽 위 Shutterstock.com
　　 아래 Shutterstock.com/ Rus S
95쪽, 97쪽, 99쪽, 100쪽 Shutterstock.com
101쪽 위 Shutterstock.com/ Elena Odareeva
　　 가운데 Shutterstock.com/ Matyas Rehak
　　 아래 Shutterstock.com/ Lukas Bischoff Photograph
103쪽, 104쪽, 106쪽 위 Shutterstock.com
106쪽 아래 Shutterstock.com/ Marti Bug Catcher
107쪽 위 Shutterstock.com/ BONDART PHOTOGRAPHY
　　 아래 Shutterstock.com
111쪽, 112쪽, 113쪽, 114쪽, 115쪽, 116쪽, 117쪽, 119쪽, 120쪽, 123쪽, 124쪽, 125쪽 위 Shutterstock.com
125쪽 가운데 Shutterstock.com/ Tang Yan Song
　　 아래 Shutterstock.com
127쪽, 128쪽 위 Shutterstock.com
128쪽 가운데 Shutterstock.com/ Xuefeng Nong
129쪽, 131쪽, 132쪽, 135쪽 Shutterstock.com
136쪽 commons.wikimedia.org/ Bob T (CC BY-SA 4.0)
137쪽, 138쪽, 139쪽 Shutterstock.com
141쪽 위 Shutterstock.com/ Kakoli Dey
　　 아래 Shutterstock.com/ ABIR ROY BARMAN
142쪽 위 commons.wikimedia.org/ Madhumita Das (CC BY-SA 4.0)
　　 아래 commons.wikimedia.org/ Iamambekar (CC BY-SA 4.0)
143쪽, 145쪽 Shutterstock.com
146쪽 위 commons.wikimedia.org/ Hideyuki KAMON (CC BY-SA 2.0)
　　 아래 Shutterstock.com
147쪽 아래, 149쪽, 150쪽 위 Shutterstock.com
150쪽 아래 commons.wikimedia.org/ Sunyiming (CC BY-SA 4.0)
151쪽 commons.wikimedia.org/ Glabb (CC BY-SA 3.0)
152쪽, 153쪽, 155쪽, 156쪽 Shutterstock.com
157쪽 위 commons.wikimedia.org/ Travelpleb (CC BY-SA 3.0)
　　 아래 commons.wikimedia.org/ Backslash (CC BY-SA 3.0)
159쪽 Shutterstock.com
160쪽 위 commons.wikimedia.org/ Supanut Arunoprayote (CC BY 4.0)
　　 아래 commons.wikimedia.org (CC BY-SA 4.0)
161쪽 Shutterstock.com
163쪽 commons.wikimedia.org/ N509FZ (CC BY-SA 4.0)
164쪽 Shutterstock.com
165쪽 아래 Shutterstock.com/ Harsh-S
169쪽 위 Shutterstock.com/ ChameleonsEye
170쪽 위 Shutterstock.com/ Pro Aerial Master
171쪽 위 commons.wikimedia.org/ Pinot (CC BY-SA 3.0)
171쪽 아래, 173쪽, 174쪽, 175쪽 위 Shutterstock.com
175쪽 아래 Shutterstock.com/ Norman Allchin
176쪽 위 Shutterstock.com
　　 아래 Shutterstock.com/ faithie
181쪽, 182쪽, 182쪽, 184쪽 Shutterstock.com
185쪽 위 Shutterstock.com/ Oomka
185쪽 아래, 186쪽, 187쪽, 189쪽, 190쪽, 191쪽 아래 Shutterstock.com

191쪽 위 Shutterstock.com/ Randy Blackwell
195쪽, 196쪽 위 Shutterstock.com
196쪽 아래 Shutterstock.com/ Box Lab
197쪽 위 Shutterstock.com
     아래 Shutterstock.com/ Caio Pederneiras
199쪽 Shutterstock.com/ Ivo Antonie de Rooij
200쪽 위 Shutterstock.com/ Ksenia Ragozina
     아래 Shutterstock.com/ Manuel Ochoa
201쪽 위, 가운데 Shutterstock.com
     아래 commons.wikimedia.org/ Jimmy Baikovicius (CC BY-SA 2.0)
203쪽 Shutterstock.com/ oscar garces
204쪽 위 Shutterstock.com/ Alexander Canas Arango
     아래 commons.wikimedia.org/ Kamilokardona (CC BY-SA 1.0)
205쪽 아래 Shutterstock.com
207쪽 위 Shutterstock.com/ JHVEPhoto
     아래 Shutterstock.com/ Akvals
209쪽 Shutterstock.com
210쪽 위 Shutterstock.com/ ackats
210쪽 아래, 211쪽 Shutterstock.com